Lamm-Rezepte

Lamm-Rezepte

land Leben
CADMOS

Hinweis:

Alle in diesem Buch enthaltenen Angaben, Daten, Ergebnisse etc. wurden von den Verfassern nach bestem Wissen erstellt und von ihnen und dem Verlag mit größtmöglicher Sorgfalt überprüft. Eine Verantwortung und Haftung für etwaige inhaltliche Unrichtigkeiten kann jedoch nicht übernommen werden. Der Haftungsausschluss gilt nicht, soweit nach dem Produkthaftungsgesetz für Personen- und Sachschäden gehaftet wird. Jeder Leser muss beim Umgang mit den genannten Stoffen, Materialien und Geräten Vorsicht walten lassen, Gebrauchsanweisungen und Herstellerhinweise beachten sowie den Zugang für Unbefugte verhindern.

Impressum

Lammrezepte (Landküche)
1. Auflage: Cadmos Verlag GmbH, 2010

Möllner Straße 47
21493 Schwarzenbek
info@cadmos.de
www.cadmos.de

Gestaltung und Satz: Ravenstein + Partner, Verden
Titelfoto: Miguel Dieterich
Fotos im Innenteil: Karin Faber
Lektorat: Anneke Bosse
Druck: Westermann Druck, Zwickau

Deutsche Nationalbibliothek – CIP-Einheitsaufnahme
Die Deutsche Nationalbibliothek verzeichnet diese Publikation in der Deutschen Nationalbibliografie; detaillierte bibliografische Daten sind im Internet über http://dnb.ddb.de abrufbar.

Printed in Germany

ISBN 978-3-86127-883-2

Inhalt

Inhalt

Ein paar Worte vorab

Tipps für Lammfleischfreunde

Dieses Buch ist für Menschen geschrieben, die Spaß an der Zubereitung von Lammgerichten haben. Die Möglichkeiten, aus Lammfleisch Köstlichkeiten herzustellen, sind nahezu unbegrenzt.

Nehmen Sie sich beim Vorbereiten, Kochen und Anrichten genügend Zeit. Sie werden feststellen, dass Ihre Gerichte wie auf den Rezeptfotos aussehen – kein Wunder, denn sie sind Eigenproduktionen und stammen nicht von einem professionellen Foodfotografen.

Hier einige nützliche Ratschläge:

➡ Fleisch und Gemüse werden vor der Zubereitung grundsätzlich gut geputzt, abgewaschen und abgetrocknet. Bei Suppenfleisch und -gemüse erübrigt sich das Trocknen natürlich.

➡ Zwiebeln und Kartoffeln werden vor der Zubereitung geschält.
Diese Vorarbeiten sind nicht zusätzlich in den Rezepten vermerkt.

➡ Entscheiden Sie selbst, welche Fette oder Öle Sie bevorzugen. Wichtig ist, dass die Öle zum Anbraten für hohe Temperaturen geeignet sind. Beim Wenden des Fleisches sollte das Einstechen mit einer Gabel vermieden werden, da sonst viel Fleischsaft ausläuft. Sinn des Anbratens ist, dass sich die Poren schließen, damit der Braten saftig bleibt.

➡ Kocht man Fleisch und Knochen gemeinsam, sollte zuerst das gegarte Fleisch aus der Brühe genommen werden, damit beim Abseihen keine Knochenteilchen auf dem Fleisch verbleiben. Verwenden Sie das Gemüse weiter, sollten Sie es ebenfalls aus der Brühe nehmen.

➡ Beim Herstellen eines Rollbratens nur Küchengarn benutzen. Es ist für Lebensmittel zugelassen, gesundheitlich unbedenklich und hitzebeständig.

➡ Übrigens ist es einfacher, als man denkt, einen Braten zu füllen oder einen Rollbraten herzustellen. Nur Mut zum ersten Versuch! Beim Bestreichen der Füllmasse auf das Fleisch müssen die Fleischränder frei bleiben, damit die Masse beim Wickeln nicht herausgedrückt wird. Statt Lammhackfleisch als Füllung lässt sich auch Hackfleisch von Rind oder Schwein sowie gemischtes Hackfleisch verwenden.

➡ In den Rezepten finden Sie häufig nur die Angabe: Aus dem Fond eine Soße herstellen. Sie können den Fond einfach nur mit Wasser loskochen, pürieren oder abseihen. Abseihen empfiehlt sich, wenn Sie Kräuterstängel und größere Gewürzkörner (Wacholderbeeren, Nelken) verwendet haben. Soßen können ungebunden serviert oder mit Mehl, Stärke, Soßenbinder, Schmand oder Ähnlichem gebunden werden. Verfeinern lassen sie sich mit Sahne, Crème fraîche oder Frischkäse nach eigenem Geschmack und Belieben. Haben Sie zu wenig

Soße oder ist der Fond zu dunkel geraten, können Sie den leckeren selbst hergestellten Lammfond (siehe Rezept auf Seite 12) bestens dafür verwenden.

- Entscheiden Sie selbst, ob Sie frische, tiefgefrorene oder getrocknete Kräuter verwenden möchten. Die Kräutermengen lassen sich nach persönlichem Geschmack verändern. Wenn Sie ein Gewürz oder Kraut im Rezept nicht mögen, lassen Sie es einfach weg. Sie können auch Ihre ganz persönlichen Kräuterfavoriten verwenden. Vergessen Sie nicht, einige Kräuter zum Garnieren zurückzulegen!
- Zum Garnieren eignen sich übrigens auch Gemüseblätter, zum Beispiel von Kohlrabi, Sellerie, Möhren, Fenchel, Radieschen, Rote Bete und Rucola sowie Sprossen, unter anderem von Radieschen, Alfalfa und Bockshornklee.
- Im Handel erhalten Sie diverse fertige Kräuter-, Dip-, Marinier- und Gewürzmischungen, die wirklich sehr lecker sind. Der Zeitaufwand beim Kochen ist geringer als bei der Verwendung selbst hergestellter Mischungen. Einige Gewürze und Gewürzmischungen werden Sie vielleicht nicht kennen – so etwa Schabzigerklee, Bockshornkleesaat, Ras el-Hanout, Baharat oder Habanero-Dip. Aber ich verspreche Ihnen: Sie sind kennenlernenswert! In guten Fachgeschäften und zum Teil über den Internetversand können Sie diese besonderen Gewürze erwerben.

Lammfleisch – natürlich direkt vom Schafhalter!

Als Schafzüchterin ist mir sehr daran gelegen, immer wieder auf die hervorragende Qualität des deutschen Lammfleisches von Schäfern und Schafhaltern zu verweisen. Die momentane Lage der Schafhalter ist aufgrund ständig neuer, nicht praxisbezogener EU-Verordnungen sehr bedenklich. Viele von ihnen können ihren Betrieb nicht mehr aufrechterhalten, weil sich durch „Bürokratiewahnsinn“ der Zeitaufwand und die Kosten stark erhöhen und die Existenzgrundlage nicht mehr gesichert ist.

Übrigens tragen Sie durch den Kauf einheimischen Lammfleisches zur Erhaltung einzigartiger Kulturlandschaften bei. Ohne Schafe als Landschaftspfleger gäbe es keine Heideflächen, keine Kalkmagerrasen mit seltenen Pflanzenarten und vieles mehr. Schafe werden auch zur Pflege von Deichen, Dämmen, Mooren, Streuobstwiesen, Almen und Brachflächen benötigt und leisten so einen wertvollen Beitrag zum Erhalt von Biotopen und Kulturlandschaften.

Viele Betriebe bieten Lammfleisch zum Kauf an, allerdings nicht unbedingt das ganze Jahr über. In Hofläden, die meistens über ein eigenes Schlachthaus verfügen, erhalten Sie einzelne Teilstücke vom Lamm, halbe oder ganze Lämmer, Wurstwaren, Schinken und andere Produkte.

Viele Schafhalter lassen die Lämmer beim Fleischer schlachten und die Kunden können von dort ihr nach Wunsch zerlegtes Lamm abholen. Ein Besuch beim Schafhalter ist interessant und Sie wissen genau, wo Ihr Lammfleisch herstammt. Im netten Gespräch können Sie sich ausgiebig über Schafhaltung, Lammfleisch und seine Zubereitung informieren. Sicher ist auch ein Besuch mit Kindern oder Enkeln in der Lammzeit zu vereinbaren.

Adressen von Selbstvermarktern in Ihrer Gegend erhalten Sie über die hier aufgelisteten Landesschafzuchtverbände. Weitere Informationen finden Sie auch im Internet.

Landesschafzuchtverband Baden-Württemberg
Tel. 0711/16655-04
Fax 0711/16655-41
info@lsv-bw.de

Landesverband Bayerischer Schafhalter
Tel. 089/536226
Fax 089/5439543
LV.SchafeBY@t-online.de

Schafzuchtverband Berlin-Brandenburg
Tel. und Fax 033207/32573

Hessischer Verband für Schafzucht und -haltung e.V.
Tel. 0561/16984
Fax 0561/16886

LSV Mecklenburg-Vorpommern e.V.
Tel. 038738/73071
Fax 038738/73050
schafzucht@rinderzucht.de

Landesschafzuchtverband SV
Niedersachsen e.V.
Tel. 0511/329777
Fax 0511/3004386
schafzuchtverband@LWK-Niedersachsen.de

Landesschafzuchtverband Weser-Ems e.V.
Tel. 0441/82123
Fax 0441/8859483
LSV@LWK-Niedersachsen.de

Verband Lüneburger Heidschnuckenzüchter e.V.
Tel. 0581/8073-0
Fax 0581/8073-160
info@heidschnucken-verband.de

Schafzüchtervereinigung Nordrhein-Westfalen
Tel. 05251/32561
Fax 05251/34393
schafzuchtverband@lwk.nrw.de

Landesverband der Schafhalter Rheinland-Pfalz e.V.
Tel. 0261/91593-231
Fax 0261/91593-233
rainer.wulff@lwk-rlp.de

Landesverband der Schaf- und Ziegenhalter im Saarland e.V.
Tel. 06881/928201
Fax 06881/928100
anton.schmitt@lwk-saarland.de

Sächsischer Schaf- und Ziegenzuchtverband e.V.
Tel. 0341/2434215
Fax 0341/2434214
regina.walther@smul.sachsen.de

Landesschafzuchtverband Sachsen-Anhalt e.V.
Tel. 0345/52149-41
Fax 0345/52149-51
Dr.Roesler@lkv-st.de

Landesverband Schleswig-Holsteiner Schafzüchter e.V.
Tel. 0431/332608
Fax 0431/35007
info@schafzucht-kiel.de

Landesverband Thüringer Schafzüchter e.V.
Tel. 0361/749807-0
Fax 0361/749807-18
Thueringer.Schafzuchtverband@t-online.de

Österreichischer Bundesverband für Schafe und Ziegen
Tel. 0043/1/33417-2140
Fax 0043/1/33417-13
office@oebsz.at

Schweizerischer Schafzuchtverband
Tel. 0041/62/9566868
Fax 0041/62/9566879
schafzuchtverband@caprovis.ch

Keine Angst vor einem halben Lamm

Viele Selbstvermarkter geben nur halbe oder ganze Lämmer ab. Sieht man ein schlachtreifes Lamm mit langer Wolle, kann man als Laie schon einen Schrecken bekommen: „So viel können wir nicht gebrauchen!"

Ein schlachtreifes Lamm wiegt ungefähr 40 Kilogramm, nach der Schlachtung aber nur noch die Hälfte. Ein halbes Lamm bringt dann etwa 10 Kilogramm auf die Waage, eine durchaus überschaubare Menge!

Natürlich bekommen Sie Ihr Lamm küchenfertig zerlegt. Ob als Braten oder als Grillfleisch zurechtgeschnitten – der Produzent richtet sich nach Ihren individuellen Wünschen.

Haben Sie wenig Platz zum Einfrieren, lassen sich aus Hals, Nacken, Rippen, Lappen und eventuell auch aus der Schulter die Knochen auslösen und Sie können Gulasch und Hackfleisch herstellen lassen. Aus Nacken und Schulter lassen sich kleine Bratenstücke herausschneiden. Auch aus Keule und Rücken können die Knochen entfernt werden. Die Keule ergibt einen wunderbaren Braten, der auch zum Füllen geeignet ist, und aus dem Rücken erhält man die edelsten Teile: Lammlachse und Filets.

Lassen Sie die Knochen des Lamms vom Fleischer zerkleinern – als Basis für einen wertvollen Lammfond oder eine köstliche Lammbrühe, die Sie in Gläsern (Marmeladengläser) in einem großen Topf auf dem Herd einkochen können. Somit haben Sie immer eine leckere Soßen- und Suppengrundlage auf Vorrat!

Natürlich haben Sie die Möglichkeit, Innereien (Leber, Herz, Nieren, Lunge) und Lammzungen zu bekommen. Die Fettabschnitte kann man hervorragend zum Anbraten der Knochen verwenden. Und selbst für den Hund fallen ein paar Kauknochen und Pansen ab.

Lammfond aus Knochen –
hervorragend geeignet für Soßen, Suppen, Aufläufe und vieles mehr

Zutaten:

2–3 kg Lammknochen
(von 1 Lamm)
Lammfett (Abschnitte)
1 Sellerieknolle mit Blättern
2 Stangen Porree
250 g Möhren
1 Petersilienwurzel
0,7 l trockener Rotwein
140 g Tomatenmark
Pfeffer
Salz

Zubereitung:

① Die Knochen vom Schlachter klein sägen lassen.
② Das Lammfett im Topf auslassen und die Knochen auf höchster Stufe darin scharf anbraten. Ständig wenden, damit die Knochen nicht verbrennen.
③ Die Sellerieknolle waschen und abbürsten, mit Schale in Würfel schneiden. Porree in Ringe schneiden, Möhren und Petersilienwurzel mit Schale in Stücke schneiden.
④ Das Gemüse nach ca. 20 Minuten Bratzeit zugeben und weitere 20 Minuten mit anbraten. Zwischendurch immer wieder mit etwas Rotwein ablöschen.
⑤ Das Tomatenmark kurz mit anbraten. Mit heißem Wasser auffüllen, bis die Knochen gut bedeckt sind.
⑥ Das Selleriegrün sowie Pfeffer und Salz zugeben.
⑦ Alles ca. 3 Stunden mit Deckel köcheln lassen, dann durch ein Sieb passieren und erkalten lassen.
⑧ Die Fettschicht abnehmen und evtl. nochmals reduzieren.

Hinweis

Den Fond kann man portionsweise einfrieren oder einkochen. Im kalten Zustand sollte er eine gallertartige Konsistenz besitzen.

Teilstücke vom Lamm und ihre Verwendung

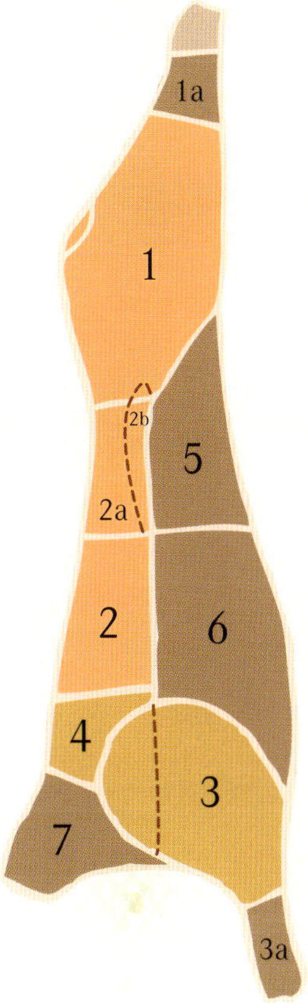

1 Keule (Schlegel, Schlögel, Gigot, Leg)
Im Ganzen: zum Braten, Schmoren, Kochen
Ohne Knochen: für Braten mit oder ohne Füllung, Steaks zum Grillen oder Braten, Gulasch, Grillspieße, Rouladen

1a/3a Haxe (Stelze, Boned shank)
Zum Schmoren

2 Rücken (Loins)
Im Ganzen: zum Braten
Koteletts: als einfache oder doppelte Koteletts zum Grillen oder Braten
Ohne Knochen: für Rollbraten mit/ohne Füllung

2a Lachs (Rückenfilet, Karree, Filet of loins)
Ganz: zum Braten oder Grillen
In Scheiben: zum Braten oder Grillen, für Spieße, Terrinen und Rouladen

2b Filet (Lungenbraten, Tenderloin)
Im Ganzen für Kurzgebratenes, zum Grillen und für Terrinen

3 Schulter (Blatt, Shoulder)
Im Ganzen: zum Braten, Schmoren und Kochen
Ohne Knochen: für Rollbraten mit/ohne Füllung, Gulasch und Hackfleisch

4 Nacken (Kamm, Neck)
Im Ganzen: zum Braten, Kochen, Schmoren
In Scheiben: zum Grillen, Schmoren
Ohne Knochen: für Rollbraten mit/ohne Füllung, Gulasch, Hackfleisch

5 Lappen (Dünnung, Wammerl)
Zum Kochen, für Rollbraten, kross Gebratenes/Gegrilltes und Hackfleisch

6 Rippen (Brust, Brisket)
Mit Knochen: zum Kochen, Grillen, als Kasseler Rippchen (gepökelt und geräuchert)
Ohne Knochen: für Rollbraten mit/ohne Füllung und Hackfleisch

7 Hals
Zum Kochen, für Hackfleisch

Gewichte

1 Lammkeule: 1,5–2,5 kg
1 Lammrücken: 1,5–2 kg
1 Lammschulter: 1,5–1,7 kg
1 Lammlachs: 450 g (für max. 3 Personen)
1 Lammzunge: 100 g
Haxe hinten: 300–350 g (für 1 Person)
Lammbrustmittelstück ohne Knochen: 400 g
1 Lammfilet: 50–60 g (3 Stück pro Person)
Schulterstück zum Grillen: ca. 400 g

Im Buch verwendete Abkürzungen

Bd.	→	Bund	kg	→	Kilogramm
EL	→	Esslöffel	kl.	→	klein
g	→	Gramm	l	→	Liter
geh.	→	gehäuft	ml	→	Milliliter
gem.	→	gemahlen	Msp.	→	Messerspitze
ger.	→	gerieben	Pck.	→	Päckchen
gestr.	→	gestrichen	Pr.	→	Prise
getr.	→	getrocknet	TK	→	Tiefkühlprodukt
gr.	→	groß	TL	→	Teelöffel

Aus Pfanne und Ofen

Lammkoteletts auf Kartoffel-Kürbis-Püree mit Kräuterseitlingen

(für 4 Personen)

Zubereitung:

① Kartoffeln und Kürbis schälen, in Stücke schneiden, komplett mit Wasser bedecken, Salz, Pfeffer und Muskat zufügen und garen.

② Von dem Kartoffel-Kürbis-Gemisch Wasser abgießen, Sahne zugeben, stampfen und nochmals mit Gewürzen abschmecken.

③ Kräuterseitlinge längs in Scheiben schneiden.

④ Lammkoteletts und Kräuterseitlinge in der Pfanne im Butterschmalz von jeder Seite 2 bis 3 Minuten braten, mit etwas Salz und Pfeffer würzen, mit Petersilie dekorieren und mit Kräuterbutter servieren.

Zutaten:

300 g Kartoffeln
300 g Kürbis
(Hokkaido/Lakota)
Wasser
Salz
Pfeffer
1 Pr. Muskat
100 g Sahne
500 g Kräuterseitlinge
8 einfache Lammkoteletts
Butterschmalz
Petersilie
Kräuterbutter

Erdnusskoteletts
(für 4 Personen)

Zutaten:

2 Knoblauchzehen
3 EL Olivenöl
Saft einer Zitrone
8 doppelte Lammkoteletts
Bratöl
Salz
Pfeffer
100 g gesalzene Erdnüsse
300 g gelbe Zucchini
300 g grüne Zucchini
200 g Sahne

Zubereitung:

① Die Knoblauchzehen pressen, mit Zitronensaft und Öl verrühren, die Koteletts damit bestreichen und 2 Stunden ruhen lassen.
② In heißem Öl 2 bis 3 Minuten von jeder Seite anbraten, mit Salz und Pfeffer würzen und warm stellen.
③ Die Erdnüsse fein hacken und im Bratfett kurz rösten.
④ Zucchini in Streifen schneiden, leicht mit andünsten, Sahne zufügen, salzen und kurz aufkochen lassen.
⑤ Die Koteletts mit der Soße übergießen und mit Reis oder Nudeln servieren.

Gebratene Gorgonzola-lachse
(für 4 Personen)

Zutaten:

800 g Lammlachs
Bratöl
Salz
Pfeffer
2 Schalotten
1 Knoblauchzehe
1 EL Pinienkerne
3 EL Olivenöl
$^{1}/_{8}$ l trockener Weißwein
1 Bd. Basilikum
200 g Sahne
100 g Gorgonzola

Zubereitung:

① Lammlachse in heißem Öl von beiden Seiten ca. 2 bis 3 Minuten anbraten, salzen und pfeffern, aus der Pfanne nehmen und abgedeckt warm stellen.
② Schalotten und Knoblauch in feine Würfel schneiden und mit den Pinienkernen in der Pfanne im Olivenöl anbraten.
③ Mit Wein ablöschen.
④ Basilikum zugeben und alles pürieren. Sahne und Gorgonzola zufügen und gut verrühren.
⑤ Die Soße über die Koteletts gießen und bei 250 Grad 2 Minuten überbacken.

Gebratener Lammlachs in Schabzigerpanade auf Feldsalat

(für 4 Personen)

Zutaten:

2 Eier
Salz
Pfeffer
20 g Schabziger Käse
60 g Semmelbrösel aus Körnerbrötchen
600 g Lammlachse
Butterschmalz
150 g Feldsalat
1 Schalotte
3 EL Weißweinessig
2 EL ger. Haselnüsse
Zucker
50 ml Wasser
2 EL Steirisches Kürbiskernöl

Zubereitung:

① Eier mit Salz und Pfeffer auf einem tiefen Teller verquirlen.
② Schabziger grob reiben und in einer Schale mit Semmelmehl mischen.
③ Lammlachse in 3 bis 4 Teilstücke schneiden, salzen, pfeffern, in Ei wälzen und panieren.
④ Die Lachse in einer Pfanne in Butterschmalz von jeder Seite bei mittlerer Hitze 2 bis 3 Minuten braten.
⑤ Für den Salat die Schalotte klein schneiden, Essig, Haselnüsse, Salz, Pfeffer und etwas Zucker verrühren, mit heißem Wasser übergießen. Gut vermengen, nochmals mit Salz, Pfeffer und Zucker abschmecken und Kürbiskernöl zufügen. Alles mit dem Feldsalat vermengen.
⑥ Die fertig gebratenen Lammlachse auf dem Feldsalat anrichten und mit frischem Focaccia servieren.

Tipp

Getrocknete, grob geriebene Körnerbrötchen eignen sich hervorragend zum Panieren. Man kann sie auch im Mörser so zerkleinern, dass gröbere Stückchen erhalten bleiben. Diese geben der Panade ein besonders interessantes Aussehen.

Tipp

Das restliche Semmelmehl mit dem Ei verrühren. Sollte die Masse zu trocken sein, etwas Wasser zugeben. Die Mischung in der Pfanne braten.

Gebackene Lammrippen auf Stampfkartoffeln mit Stielmus

(für 4 Personen)

Zutaten:

2 kg Lammrippen
(2–3 Rippen je Stück)
Pfeffer
Salz
600 g Kartoffeln
500 g Rübstiel
(Blätter und Stiele)
2 EL Butterschmalz
50 g magere Schinkenwürfel
1 Pr. Muskat
50 g Sahne
evtl. etwas Milch
100 ml Lammfond

Zubereitung:

① Lammrippen mit Pfeffer und Salz einreiben und bei 180 Grad im Backofen ca. 60 Minuten backen.

② Kartoffeln würfeln und mit wenig Wasser kochen.

③ Rübstiel in ca. 2 cm lange Stücke schneiden, in Butterschmalz andünsten. Schinkenwürfel zufügen und bissfest garen. Mit Pfeffer und Salz abschmecken.

④ Gegarte Kartoffeln mit Salz und Muskat würzen, stampfen, Sahne zufügen und alles gut vermischen. Falls die Stampfkartoffeln zu fest und trocken sind, kann man etwas Milch zugeben.

⑤ Lammfond zum Kochen bringen, mit Pfeffer und Salz abschmecken, evtl. andicken und mit Stampfkartoffeln, Gemüse und gebackenen Lammrippen anrichten.

Gebratener Korianderlachs auf Habanero-Dip mit Basmatireis und Bundmöhren

(für 4 Personen)

Zubereitung:

① Für den Dip die Habanero-Würzmischung mit Sesamöl und Wasser vermischen und mindestens 30 Minuten quellen lassen.
② Lammlachse in ca. 10 cm lange Stücke schneiden.
③ Koriander zerstoßen und Lachsstücke damit panieren.
④ In Sesamöl von jeder Seite ca.1 Minute braten, leicht salzen und abgedeckt 5 Minuten warm stellen.
⑤ Mit Salz und Pfeffer würzen, quer zur Fleischfaser aufschneiden.
⑥ Das Fleisch auf den Habanero-Dip legen und mit frischen Korianderblättern garnieren.

Zutaten:

6 EL Habanero-Würzmischung
2 EL Sesamöl
1/8 l Wasser
800 g Lammlachs
6 EL Koriander
4 EL Sesamöl
Salz
Pfeffer

Tipp

Den Dip kann man einen Tag vorher zubereiten und Reste einige Tage im Kühlschrank aufbewahren.

Lammkotelett mit Johannisbeergelee

(für 4 Personen)

Zutaten:

8 doppelte Lammkoteletts
ca. 50 g Butterschmalz
2 Zwiebeln
1 EL Mehl
1/2 l pflanzliche Brühe
2 TL Balsamicoessig
4 Tomaten
1 EL Petersilie
1/2 TL Selleriesalz
Paprikapulver
Pfeffer
Salz
8 TL Johannisbeergelee

Zubereitung:

① Die Lammkoteletts von jeder Seite 1 bis 2 Minuten in Butterschmalz anbraten, in eine feuerfeste Form legen und mit Alufolie oder Deckel abdecken.
② Die Zwiebeln fein schneiden und in dem Fett goldbraun braten.
③ Das Mehl dazugeben und leicht anschwitzen.
④ Mit der Brühe ablöschen und zu einer glatten Soße verrühren.
⑤ Die Koteletts mit Balsamicoessig bepinseln.
⑥ Die Tomaten in Scheiben schneiden und auf die Koteletts legen.
⑦ Petersilie, Selleriesalz, Paprika und Pfeffer überstreuen.
⑧ Zwiebelsoße darübergeben und alles in einer geschlossenen Form bei ca. 180 Grad 45 Minuten im Backofen schmoren.
⑨ Mit Salz und Pfeffer abschmecken.
⑩ Vor dem Servieren auf jedes Kotelett 1 TL Johannisbeergelee geben.

Tipp

Als Beilage sind Kräuterkartoffeln ideal.

Lammkotelett in Schoko-Wein-Soße
(für 4 Personen)

Zutaten:

8 doppelte Lammkoteletts
4 EL Olivenöl
1/2 l Weißwein
50 g Zartbitter-
schokoladenraspel
3 Zwiebeln
150 g Schinkenwürfel
Salz, Pfeffer
4 EL Tomatenmark
1/2 EL Salbei
50 g gehobelte Mandeln

Zubereitung:

① Die Koteletts von beiden Seiten jeweils 2 bis 3 Minuten in 2 EL Olivenöl anbraten.
② Die Hälfte des Weins sowie die Schokolade zufügen und die Koteletts bei geringer Hitze ca. 30 Minuten bei geschlossenem Deckel garen.
③ Zwiebeln in Würfel schneiden.
④ Schinken- und Zwiebelwürfel kurz in 2 EL Olivenöl andünsten.
⑤ Salz, Pfeffer, Tomatenmark, Salbei und restlichen Wein zufügen und gut durchkochen, bis eine sämige Soße entsteht. Warm stellen.
⑥ Die Mandeln rösten und die Koteletts vor dem Servieren damit bestreuen. Mit der Soße servieren.

Tipp

Dazu passen ein frischer Salat und Baguette.

Gourmet-Senf
Kürbiskern
Feige
125 ml

Lammlachs mit Kürbiskern-Feigen-Senf, frittierten Pastinaken und Bulgur

(für 4 Personen)

Tipp

Dieses leckere Gericht lässt sich sehr schnell zubereiten!

Zubereitung:

① Bulgur mit Wasser und Salz aufkochen. Herdplatte abstellen, Tomatenmark und Chili einrühren und bei geschlossenem Deckel ausquellen lassen.
② Pastinaken schälen und in Scheiben schneiden.
③ Lammlachse in der Pfanne von jeder Seite 2 bis 3 Minuten bei mittlerer Hitze braten, salzen und warm stellen.
④ Pastinaken frittieren, bis sie hellbraun sind, und leicht salzen.
⑤ Bulgur mit Walnussöl vermengen.
⑥ Die Lammlachse schräg zur Fleischfaser aufschneiden und mit Bulgur, Pastinakenscheiben und Kürbiskern-Feigen-Senf servieren.

Zutaten:

200 g Bulgur
300 ml Wasser
1 TL Salz
2 TL Tomatenmark
1 Msp. gem. Chili
300 g gr. Pastinaken
600 g Lammlachse
Sonnenblumenöl
Salz
1 EL Walnussöl
Kürbiskern-Feigen-Senf

Hinweis

Statt Kürbiskern-Feigen-Senf kann man auch einfachen Feigensenf verwenden und geröstete Kürbiskerne überstreuen.

Lammfilet mit Graupen und Kohlrabigemüse

(für 4 Personen)

Zubereitung:

① Rucola fein schneiden und mit Butter und Fleur de Sel gut vermengen.

② Graupen mit Wasser und Brühe unter ständigem Rühren aufkochen lassen, Herd abstellen, Deckel auflegen und ca. 20 Minuten ziehen lassen.

③ Kohlrabiknollen und feine Blätter getrennt in Streifen schneiden.

④ Knollenstreifen in leicht gesalzenem Wasser bissfest garen, herausnehmen und warm stellen. Danach die Blätter im gleichen Wasser garen, herausnehmen und warm stellen.

⑤ Aus der Kohlrabibrühe eine Béchamelsoße herstellen. Mit Schmelzkäse und Sahne verfeinern.

⑥ Lammfilets in der Pfanne in Butterschmalz von jeder Seite ca. 1 Minute braten, dann einige Minuten abgedeckt ruhen lassen. Danach das Filet zum Anrichten diagonal zur Faser aufschneiden und Rucolabutter auflegen.

Zutaten:

50 g Rucola
125 g Butter
1 TL Fleur de Sel
250 g Graupen
200 ml kaltes Wasser
1 TL pflanzliche Brühe
2 frische Kohlrabiknollen mit Blättern
150 ml Wasser
Salz
1 EL Schmelzkäse
50 g Sahne
600 g Lammfilets
4 EL Butterschmalz

Tipp

Rucolabutter einen Tag vorher zubereiten, damit die Butter durchziehen kann.

Lammlachs im Kartoffelmantel mit Rosmarin-Honig-Soße

(für 4 Personen)

Zutaten:

4 Lammlachse (à ca. 150 g)
Olivenöl
2 Schalotten
1 Bd. Rosmarin
2 EL Honig
3 EL Rotweinessig
100 ml Rotwein
150 ml Lammfond
evtl. etwas Butter
1 kg Kartoffeln
Salz
Muskat
Majoran
Knoblauch

Zubereitung:

① Die Lammlachse in Olivenöl 1 bis 2 Minuten scharf anbraten und abtropfen lassen.
② Das Öl aus der Pfanne abgießen, Schalotten in feine Würfel schneiden, in die heiße Pfanne geben und goldbraun anbraten.
③ Den gezupften Rosmarin und Honig zugeben. Wenn der Honig Blasen schlägt, mit dem Essig ablöschen, den Rotwein und den Lammfond zufügen, würzen und einkochen, bis die Soße leicht bindet. Dann passieren, abschmecken und evtl. etwas Butter einrühren.
④ Für den Kartoffelmantel die geschälten Kartoffeln grob raspeln. Mit Salz, Muskat, Majoran und Knoblauch würzen und vermengen.
⑤ Die Kartoffelmasse ausdrücken und die Lachse damit umschließen.
⑥ Das ummantelte Fleisch mit beiden Händen flach zusammendrücken und in Olivenöl von beiden Seiten 5 bis 6 Minuten goldbraun anbraten.
⑦ Die Lachse auf ein Backblech legen und bei 120 Grad ca. 10 Minuten ruhen lassen.
⑧ Das Fleisch auf einem Teller anrichten und die Soße angießen.

Tipp

Als Beilage passen grüne Bohnen oder im Winter Rosenkohl.

Überbackener Lammlachs mit Spargel und Kartoffelgratin
(für 4 Personen)

Zubereitung:

① Eine Auflaufform mit der Knoblauchzehe ausreiben.
② Kartoffeln schälen, in dünne Scheiben schneiden und dachziegelartig in die Form schichten. Die Kartoffeln mit der Kaffeesahne knapp bedecken, mit Salz, Pfeffer und Muskat würzen. Bei 175 Grad ca. 60 Minuten im Backofen garen.
③ Den Spargel schälen, in diagonale Stücke schneiden.
④ Die Lammlachse bei mittlerer Hitze auf jeder Seite ca. 1 Minute in Butter anbraten, anschließend im vorgeheizten Backofen bei 125 Grad 20 bis 25 Minuten weiter garen.
⑤ Den Spargel mit Butter in einer beschichteten Pfanne anbraten, mit Wein ablöschen, mit Salz, Pfeffer und einer Prise Zucker würzen und bissfest garen.
⑥ Den Backofen auf Grillfunktion stellen, die Lammlachse jeweils mit 2 Scheiben Curry-Ingwer-Butter belegen und kurz übergrillen, dann in Scheiben schneiden.
⑦ Den Spargel auf vorgewärmte Teller geben, die Lammlachsscheiben darauflegen und mit dem Kartoffelgratin anrichten.

Zutaten:

1 Knoblauchzehe
800 g Kartoffeln
400 ml Kaffeesahne
Salz
Pfeffer
Muskat
500 g weißer Spargel
500 g grüner Spargel
4 Lammlachse à ca. 150 g
Butter
100 ml Weißwein
Zucker
100 g Curry-Ingwer-Butter (8 Scheiben), Rezept siehe Seite 141

Lammkotelett auf Maronensahne mit Karamellperlzwiebeln

(für 4 Personen)

Zubereitung:

① Maronenfleisch mit etwas Salz und Sahne pürieren und den Sherry einrühren.
② Die Lammkoteletts in der Pfanne von jeder Seite 2 bis 3 Minuten mit Sonnenblumenöl braten, mit Salz und Pfeffer würzen und einige Minuten warm stellen.
③ Perlzwiebeln halbieren.
④ Zucker in der Pfanne karamellisieren, Zwiebeln zufügen und schwenken, bis sie glasig sind. Mit etwas heißem Wasser ablöschen, Balsamicocreme zufügen und mit Salz abschmecken.
⑤ Maronensahne erwärmen, nicht kochen.
⑥ Die Maronensahne auf vorgewärmte Teller geben, Lammkoteletts und Perlzwiebeln darauf anrichten und mit gelbem Reis servieren.

Zutaten:

100 g Maronenfleisch
Salz
200 g Sahne
4 EL trockener Sherry
4 doppelte Lammkoteletts
Sonnenblumenöl
Pfeffer
200 g rote Perlzwiebeln
4 EL Zucker
6 EL Balsamicocreme

Tipp

Statt der Perlzwiebeln kann man auch kleine Schalotten verwenden.

Lammkotelett im Walnussmantel

(Vorspeise für 4 Personen)

Tipp

Semmelmehl aus Graubrot oder Roggenbrot gibt dem Gericht einen besonders interessanten Geschmack.

Zubereitung:

① Lammlachs in kleine Koteletts schneiden und klopfen.
② Das Ei mit Salz gut verrühren.
③ Walnüsse hacken und mit Semmelmehl vermischen.
④ Die Koteletts salzen, in Ei und anschließend in der Walnuss-Semmelmehl-Mischung wenden.
⑤ In Butterschmalz bei mittlerer Hitze von jeder Seite ca. 2 Minuten braten und mit Baguette auf etwas Rucola servieren.

Zutaten:

200 g Lammlachs
1 Ei
Salz
50 g Walnüsse
50 g Semmelmehl
Butterschmalz
Rucola

Mariniertes Lammkotelett mit Pfefferminzlikör

(für 4 Personen)

Tipp

Als Beilagen eignen sich Herzoginkartoffeln und gedünstete Buttermöhren.

Zubereitung:

① Weißwein, Cognac, Zitronensaft, Öl, Salz, Pfeffer und die Kräuter gut verrühren.
② Die Koteletts in dieser Beize ca. 12 Stunden im Kühlschrank ziehen lassen.
③ Die Koteletts in der Pfanne 2 bis 3 Minuten anbraten, wenden, mit etwas Pfefferminzlikör bestreichen und weitere 2 bis 3 Minuten braten.
④ Abgedeckt einige Minuten ruhen lassen.
⑤ Aus dem Bratenfond und der Beizflüssigkeit eine Soße herstellen, evtl. nochmals mit Salz und Pfeffer abschmecken.

Zutaten:

$^1/_4$ l Weißwein
$^1/_2$ TL Cognac
Saft einer Zitrone
6 EL Olivenöl
Salz
Pfeffer
je 1 EL Basilikum, Estragon, Rosmarin, Salbei, Thymian
8 doppelte Lammkoteletts
2 EL Pfefferminzlikör

Zutaten:

8 Lammkoteletts
2 EL Butterschmalz
2 Auberginen
5 Zwiebeln
Saft einer Zitrone
je eine Prise Zimt, Muskat, Salz
0,1 l Ingwerwein
1/4 l Brühe
200 g Champignons
200 g ger. Käse

Tipp

Als Beilage eignet sich Reis.

Überbackenes Lammkotelett

(für 4 Personen)

Zubereitung:

① Die Lammkoteletts von beiden Seiten je 2 bis 3 Minuten in Butterschmalz anbraten, dann warm stellen.

② Auberginen und Zwiebeln in Scheiben schneiden und in der Pfanne goldbraun braten. Zitronensaft hinzufügen.

③ Die Koteletts in eine Auflaufform legen und mit den Gewürzen bestreuen.

④ Das Gemüse, den Ingwerwein und die Brühe zugeben und alles bei mittlerer Hitze ohne Deckel ca. 30 Minuten schmoren lassen.

⑤ Champignons in Scheiben schneiden, in die Auflaufform geben, mit Käse bestreuen und die Koteletts bei 180 Grad ca. 20 Minuten überbacken.

Zutaten:

300 g Reis
300 ml Wasser
Salz
1/2 TL Curcuma
600 g Lammleber
Mehl
Butterschmalz
Pfeffer
250 ml Lammbrühe
1/2 TL Majoran

Lammleber mit Majoransoße auf gelbem Reis

(für 4 Personen)

Zubereitung:

① Den Reis mit Wasser, Salz und Curcuma kurz aufkochen lassen, Herdplatte abschalten und den Reis mit geschlossenem Deckel ausquellen lassen.

➔➔➔

② Die Lammleber in dünne, kurze Streifen schneiden und in Mehl wälzen.
③ In Butterschmalz braten, Pfeffer und Salz zugeben und aus der Pfanne nehmen.
④ Den Bratfond mit Lammbrühe loskochen und eine Soße herstellen. Mit Salz, Pfeffer und Majoran würzen.
⑤ Die Leber auf dem Reis anrichten und die Majoransoße in die Mitte geben.

Tipp
Dazu passt kurz gedünstetes Porreegemüse.

Paprikanierchen

(für 4 Personen)

Zubereitung:

① Die Lammnieren enthäuten, vierteln, gut waschen und einige Stunden wässern.
② Nieren aus dem Wasser nehmen, mit heißem Wasser übergießen und einige Minuten ziehen lassen.
③ Paprikaschoten in Würfel schneiden.
④ Die Nieren abtrocknen, pfeffern, salzen, in Mehl wälzen und in heißer Butter von beiden Seiten goldbraun braten.
⑤ Zwiebeln und Paprika kurz mitdünsten, Brühe zugeben und ca. 20 Minuten kochen.
⑥ Tomatenmark einrühren und mit Pfeffer, Salz und Zucker abschmecken.
⑦ Die Paprikanierchen mit Reis servieren.

Zutaten:

500 g Lammnieren
3 rote Paprikaschoten
Pfeffer
Salz
5 EL Mehl
3 EL Butter
4 EL Zwiebelwürfel
$^{1}/_{2}$ l Brühe
70 g Tomatenmark
1 Pr. Zucker

Lammrippen in Senf-Honig-Kruste mit buntem Kartoffelsalat

(für 4 Personen)

Zubereitung:

① Zwiebel und Knoblauchzehe in feine Stücke schneiden. Mit Senf, Honig und Salz gut verrühren und abschmecken. Evtl. etwas Zucker zufügen.
② Die Lammrippen von beiden Seiten mit der Mischung bestreichen und im Backofen bei 180 Grad 45 bis 60 Minuten goldbraun backen.
③ Pellkartoffeln in Viertel schneiden.
④ Rote Zwiebeln in dünne Scheiben schneiden.
⑤ Zucchini in Scheiben schneiden und dann tortenstückähnlich weiter aufschneiden.
⑥ Das Zwiebellauch in kleine Röllchen schneiden.
⑦ Essig, Zucker, Salz und Öl mit warmem Wasser verrühren.
⑧ Kartoffeln, Zwiebeln, Zwiebellauch und Zucchini in die Flüssigkeit geben und vorsichtig mischen.

Zutaten:

1 Zwiebel
1 Knoblauchzehe
250 g grobkörniger Senf
2 EL Honig
etwas Salz
Zucker
ca.1 kg Lammrippen
(je 2 Rippen/Stück)
600 g kl. Pellkartoffeln
2 rote Zwiebeln
1 kl. Zucchini
etwas Zwiebellauch
100 ml Weißweinessig
Zucker
Salz
2 EL Distelöl
1/2 l warmes Wasser

Tipp

Die Senfkruste sollte nicht zu dunkel werden, da sie sonst bitter wird. Gegebenenfalls Temperatur reduzieren.

Lammrücken in Kräuterkruste

(für 4–6 Personen)

Zutaten:

200 g Möhren
200 g Lauch
200 g Sellerie
½ TL Thymian
Pfeffer
4 Wacholderbeeren
2 Lorbeerblätter
1 kg Lammrücken ohne Knochen
100 g Butterschmalz
je ½ TL Rosmarin, Majoran, Basilikum, Kerbel, Estragon
1 TL Petersilie
1 Ei
250 g Weißbrot
Salz
Pfeffer
2 TL Butter

Zubereitung:

① Möhren, Lauch und Sellerie würfeln, Thymian klein schneiden und mit Pfeffer, Wacholderbeeren und Lorbeer vermengen.

② Den Lammrücken mit dieser Beizmischung ummanteln und mit Alufolie umwickelt ca. 24 Stunden im Kühlschrank ziehen lassen.

③ Den Rücken von den Zutaten befreien und evtl. mit Küchengarn zusammenbinden.

④ In der Pfanne in Butterschmalz von allen Seiten 4 bis 5 Minuten anbraten und aus der Pfanne nehmen.

⑤ Kräuter klein schneiden und den Rücken damit einreiben.

⑥ Die Gemüse-Kräuter-Mischung von der Beize kurz in der Pfanne andünsten und in eine Schüssel geben.

⑦ Lorbeerblatt und Wacholderbeeren entfernen und zusammen mit Ei, Weißbrot, Salz und Pfeffer zu einer Masse verkneten. Die Masse um den Rücken herum formen.

⑧ Lammrücken bei ca. 200 Grad 15 bis 20 Minuten im Backofen mit etwas Butter überbacken.

Tipp

Dazu passen ein frischer Salat und krosses Ciabatta.

Lammschulter mit Orangen-Pilz-Füllung

(für 4–6 Personen)

Zutaten:

1 Zwiebel
1 Knoblauchzehe
200 g Champignons
1 EL Butter
3 EL Paniermehl
1 EL Petersilie
Schale und Saft einer unbehandelten Orange
Pfeffer
Salz
0,8–1,0 kg Lammschulter ohne Knochen
Sonnenblumenöl
$^1/_4$ l Weißwein

Zubereitung:

① Zwiebel, Knoblauch und Champignons fein schneiden und in Butter dünsten.
② Paniermehl, Petersilie und geriebene Orangenschale zugeben, mit Pfeffer und Salz würzen und vermengen.
③ Die Lammschulter mit der Masse bestreichen und sorgfältig mit Küchengarn zusammenbinden.
④ Den Braten mit Öl bepinseln und von allen Seiten mit Pfeffer bestreuen.
⑤ Im vorgeheizten Backofen bei 200 Grad ca. 90 Minuten garen.
⑥ Zwischendurch mehrmals Wasser angießen.
⑦ Aus Bratenfond, Orangensaft und Weißwein eine Soße herstellen und zum Fleisch servieren.

Lammlachs mit Kürbiskerndressing im Speckbett auf Panini Rustica

(Vorspeise für 4 Personen)

Zubereitung:

① Lammlachse in 10 bis 12 cm lange Stücke schneiden. Quer zur Fleischfaser alle 2 cm von der Oberseite ca. 0,5 cm tief einschneiden.
② Baconscheiben kross braten.
③ Kürbiskerne in der Pfanne rösten und fein hacken.
④ Mit Kürbiskernöl und Salz vermengen.
⑤ Panini halbieren und jeweils auf einen Teller legen.
⑥ Die Baconscheiben ringförmig auf das Brot legen.
⑦ Lammlachsstücke von beiden Seiten jeweils mindestens 1 Minute in heißem Sonnenblumenöl kross anbraten.
⑧ Fleischstücke in die Mitte legen und das Kürbiskerndressing darübergeben. Die Brötchen auf einem Salatblatt servieren und mit Petersilie garnieren.

Zutaten:

400 g Lammlachs
8–10 Baconscheiben
3 EL Kürbiskerne
4 EL echtes steirisches Kürbiskernöl
1 TL Salz
2 Panini Rustica
4 EL Sonnenblumenöl
Salat und Petersilie zum Garnieren

Tipp

Das Dressing kann man einen oder mehrere Tage vorher zubereiten und auch als Würzsoße zum Grillen verwenden.

Kürbissuppe mit Lammfiletstreifchen

(für 4 Personen)

Zubereitung:

① Kürbis schälen, in Stücke schneiden und in Wasser 15 bis 20 Minuten weich kochen, anschließend nicht abgießen.
② Schalotten würfeln und in Butterschmalz andünsten.
③ Apfel klein schneiden.
④ Ingwer fein hacken und mit dem Apfel kurz mitdünsten.
⑤ Alles zum gekochten Kürbis geben und pürieren.
⑥ Honig, Weißweinessig und Tomatenflocken unterrühren.
⑦ Mit Salz und Curry abschmecken.
⑧ Sahne unterrühren und warm stellen, aber nicht mehr kochen lassen.
⑨ Lammfilets in ca. 4 cm lange und 0,5 cm dünne Streifen schneiden.
⑩ In heißem Butterschmalz kurz anbraten, leicht salzen, auf die Suppe geben und servieren.

Zutaten:

250 g Kürbisfleisch
(Gipsy F1, Lakota, Hokkaido)
500 ml Wasser
3 Schalotten
1 TL Butterschmalz
1/2 Apfel
1 Stück frischer Ingwer
(ca. walnussgroß)
1 EL Honig
2 EL Weißweinessig
2 EL Tomatenflocken
(oder -mark)
Salz
Curry
200 g Sahne
2 Lammfilets
1 EL Butterschmalz

Tipp

Zum Anrichten auf dem Teller sehen Chilifäden und Petersilie ausgesprochen interessant aus.

Rosmarinlammfilet auf Käsekartoffeln

(für 4 Personen)

Zutaten:

Butterschmalz
600 g Pellkartoffelscheiben
Muskat
Pfeffer
Salz
150 g ger. Emmentaler
50 g Butterflocken
600 g Lammfilet
2 EL Butter
1/2 EL Rosmarinnadeln

Zubereitung:

① Auflaufform mit Butterschmalz einreiben.
② Die Pellkartoffelscheiben dachziegelartig in die Form legen.
③ Mit Muskat, Pfeffer und Salz würzen, mit Käse überstreuen und mit Butterflocken belegen.
④ Im vorgeheizten Backofen bei 200 Grad ca. 15 Minuten überbacken.
⑤ Das Lammfilet von allen Seiten 2 bis 3 Minuten in Butter braten.
⑥ Rosmarin klein schneiden und zum Ende der Bratzeit zu den Filets geben.
⑦ Die Filets salzen und abgedeckt warm stellen, bis die Käsekartoffeln fertig sind.
⑧ Die Lammfilets auf den Käsekartoffeln servieren.

Tipp

Beim Überbacken darf der Käse nicht zu dunkel werden, da er sonst bitter schmeckt. Ein frischer Salat ist zu diesem Gericht empfehlenswert.

Gerolltes und Gewürfeltes

Zutaten:

4 Scheiben aus der Lammkeule (à ca. 200 g)
Curry
Salz
Pfeffer
2–3 EL Schmelzkäse „Salami“
300 g Champignons
200 g Lachsschinken
4 EL Butterschmalz
300 ml Lammbrühe
2 Eigelb
1 Msp. Safran
100 g Sahne
1 EL Schnittlauch

Deftige Lammrouladen

(für 4 Personen)

Zubereitung:

① Die Fleischscheiben von einer Seite mit Curry, Salz und Pfeffer einreiben und mit Schmelzkäse bestreichen.
② Champignons in kleine Stücke schneiden.
③ Lachsschinken in feine Streifen schneiden, mit ca. $^1/_3$ der Champignons gleichmäßig auf den Fleischscheiben verteilen, aufrollen und mit Küchengarn zusammenbinden.
④ Die Rouladen in Butterschmalz von allen Seiten scharf anbraten und mit Lammbrühe angießen.
⑤ Ca. 60 bis 90 Minuten im geschlossenen Topf garen.
⑥ 10 Minuten vor Ende der Garzeit die restlichen Champignons zufügen.
⑦ Zum Schluss das Eigelb in die Soße einquirlen, Safran und Sahne zugeben und die Rouladen noch mindestens 10 Minuten in der Soße ziehen lassen. Nicht mehr kochen lassen!
⑧ Schnittlauch in Röllchen schneiden und kurz vor dem Servieren über die Rouladen streuen.

Tipp

Die Ränder der Fleischscheiben nicht bestreichen, da die Füllung sonst beim Braten austritt und anbrennt.

Gourmet-Lammragout

(für 4 Personen)

Zutaten:

2 Zwiebeln
20 schwarze Oliven ohne Stein
2 Knoblauchzehen
je 1 Zweig Basilikum, Rosmarin
Salz
Pfeffer
600–800 g Lammlachswürfel
20 ml Zitronensaft
Olivenöl
Mehl
200 ml Wasser
3 EL Madeira
2 EL Butter
150 g saure Sahne

Tipp

Das Ragout schmeckt besonders lecker mit Reis oder Wildreis und einem Püree aus grünen Bohnen.

Zubereitung:

① Zwiebeln und Oliven in Ringe schneiden, Knoblauch fein hacken, Basilikumblätter und Rosmarinnadeln klein schneiden.
② Die Zutaten in dieser Reihenfolge in eine Form schichten: Zwiebeln, Oliven, Knoblauch, Gewürze, Fleisch, Gewürze, Knoblauch, Oliven und Zwiebeln. Mit Zitronensaft und Olivenöl beträufeln und über Nacht abgedeckt marinieren lassen.
③ Zwiebeln und Oliven abnehmen und das Fleisch in Olivenöl anbraten.
④ Zwiebeln und Oliven wieder zufügen, mit etwas Mehl bestäuben. Den Bratensatz mit heißem Wasser loskochen und 45 Minuten simmern lassen.
⑤ Madeira und Butter zufügen und nochmals 15 Minuten simmern lassen, zum Schluss saure Sahne einrühren.

Lammgulasch mit Waldpilzen und Bayerisch Kraut
(für 4 Personen)

Zubereitung:

① Lammgulasch in Öl braun anbraten.
② Zwiebeln würfeln und kurz mitbraten.
③ Mit Pfeffer und Salz würzen, mit Wasser ablöschen und ca. 45 Minuten langsam kochen.
④ Weißkohl in Stücke schneiden.
⑤ Den Speck in Würfel schneiden und in Butterschmalz anbraten.
⑥ Den Weißkohl zugeben und bei geschlossenem Deckel bissfest garen.
⑦ Pilze zum Gulasch zufügen und nochmals 15 bis 20 Minuten kochen.
⑧ Den Weißkohl mit Salz und Pfeffer abschmecken, Schmand unterheben, evtl. mit etwas Zucker abschmecken und kurz ziehen lassen.

Zutaten:

600 g Lammgulasch
Öl
2 Zwiebeln
Pfeffer
Salz
500 ml Wasser
800 g Weißkohl
150 g durchwachsener Speck
Butterschmalz
400 g Waldpilze
(frisch oder TK)
200 g Schmand
Zucker

Tipp

Ist durch die Pilze zu viel Flüssigkeit entstanden, sollte man die Soße reduzieren.

Zutaten:

0,8–1,0 kg Lammgulasch
Sonnenblumenöl
1 Zwiebel
2 Knoblauchzehen
Salz
weißer Pfeffer
1/4 l Wasser
500 g Staudensellerie
50 g Walnusskernhälften
2 EL Rotwein
3 EL Schmand

Lammgulasch mit Walnüssen

(für 4 Personen)

Zubereitung:

① Lammgulasch in heißem Öl anbraten.
② Zwiebeln und Knoblauch klein schneiden und mit anbraten.
③ Salz und Pfeffer zugeben, mit Wasser ablöschen und alles ca. 45 Minuten im geschlossenen Topf garen lassen.
④ Sellerie in 2 cm lange Stücke schneiden, zum Fleisch geben und weitere 20 Minuten kochen lassen.
⑤ Die Walnusskerne im Gulasch erhitzen, mit Salz, Pfeffer und Rotwein abschmecken und die Soße mit Schmand binden.

Tipp

Als Beilage eignen sich Spätzle oder Semmelknödel.

Lammleberrouladen

(für 4 Personen)

Zutaten:

8 Scheiben Lammleber
1 l Milch
2 Knoblauchzehen
Rauchsalz
3 EL ger. Parmesan
8 dünne Scheiben Schinkenspeck
2 Eier
8 EL Milch
4 EL Mehl
Muskat
Salz
1 EL Olivenöl
Sonnenblumenöl

Zubereitung:

① Die Leber 2 bis 3 Stunden in Milch einlegen.
② Knoblauch pressen.
③ Leber aus der Milch nehmen, trocken tupfen, mit Knoblauch und Rauchsalz einreiben und mit geriebenem Parmesan bestreuen.
④ Jede Leberscheibe mit 1 Schinkenspeckscheibe zusammen aufrollen und mit Küchengarn zusammenbinden.
⑤ Aus Eiern, Milch, Mehl, Muskat, Salz und Olivenöl einen Teig herstellen, die Leberrollen darin eintauchen und in Sonnenblumenöl knusprig ausbacken.

Lammragout in Rosmarin-Wacholder-Soße

(für 4 Personen)

Zubereitung:

① Lammfleisch in Stücke schneiden.
② Pfeffer und Wacholderbeeren grob zerstoßen, Knoblauch grob schneiden.
③ Das Fleisch mit der Hälfte des Olivenöls, Pfeffer, Wacholderbeeren, Knoblauch, Rosmarin, Thymian, Salz und Rotwein gut vermengen und mindestens 24 Stunden im Kühlschrank marinieren.
④ Das Fleisch auf einem Sieb abtropfen lassen, die Marinade zum Ablöschen aufheben.
⑤ Das restliche Olivenöl in der Pfanne erhitzen, das Fleisch darin braun anbraten und salzen.
⑥ Das Tomatenmark kurz mit anbraten, die Marinade angießen und bei geschlossenem Deckel ca. 60 Minuten köcheln.
⑦ Die Schalotten mit dem Honig glasieren und mit Rotweinessig ablöschen.
⑧ Den Apfel in kleine Stücke schneiden und zusammen mit den Schalotten und dem Fleisch weitere 30 Min. köcheln lassen.

Zutaten:

1 kg Lammfleisch
(Schulter oder Nacken)
1 TL ganze schwarze Pfefferkörner
1 TL Wacholderbeeren
4 Knoblauchzehen
100 ml Olivenöl
1 Bd. Rosmarin
1 Bd. Thymian
Salz
$^1/_4$ l kräftiger dunkler Rotwein
1 EL Tomatenmark
200 g Schalotten
2 EL Honig
20 ml Rotweinessig
$^1/_2$ Apfel

Lammterrine

(Vorspeise für 8–10 Personen)

Zutaten:

75 g Lammfilet
20 ml Cognac
40 ml trockener Rotwein
25 g getr. Steinpilze oder Morcheln
500 g Lammlachs
100 g Schweineleber
50 g fetter grüner Speck
100 g Sahne
Rosmarin
Thymian
2 Eier
Salz
Pfeffer
10–12 dünne Scheiben fetter, geräucherter Speck
3–4 Lorbeerblätter

Zubereitung:

① Lammfilet in Cognac und Rotwein 24 Stunden marinieren lassen. Danach abseihen.
② Die Pilze ca. 2 Stunden in der Flüssigkeit einweichen.
③ Lammlachse, Leber und fetten grünen Speck in Würfel schneiden.
④ Die Sahne und die Pilze zugeben und mit dem Mixer pürieren.
⑤ Die Rosmarinnadeln und den Thymian fein schneiden und in die Masse geben.
⑥ Die Eier, Salz und Pfeffer zugeben und alles gut vermengen.
⑦ Eine Terrinenform mit den geräucherten Speckscheiben auslegen, einen Teil des Specks zum Abdecken der Terrine beiseite legen.
⑧ Die Hälfte der Masse in die Form geben.
⑨ Die Filets in der Mitte längs auflegen und die restliche Masse darüber verteilen.
⑩ Mit etwas Cognac beträufeln und mit den restlichen Speckscheiben abdecken.
⑪ Die Lorbeerblätter auf der Oberfläche verteilen.
⑫ Die Terrine zugedeckt in einem Wasserbad im vorgeheizten Backofen bei 200 Grad 60 Minuten garen.
⑬ Aus dem Backofen nehmen, einige Minuten abkühlen lassen, ein Brett auf die Fleischmasse legen, mit ca. 500 g beschweren und abkühlen lassen. Die Terrine zwei Tage im Kühlschrank ziehen lassen.
⑭ Zum Servieren Terrine in Scheiben schneiden, Speck entfernen und mit geschmorten Früchten oder einer fruchtigen Marmelade und geröstetem Brot servieren.

Tipp

Beim Servieren sollte die Terrine Zimmertemperatur haben.

Zutaten:

1 kg Lammfleischwürfel aus der Schulter
Bratöl
1 Zwiebel
2 Knoblauchzehen
1 unbehandelte Zitrone
1/4 l Fleischbrühe
3 Nelken
200 g Joghurt
1 Eigelb
Pfeffer
Salz
Zucker

Lammragout mit Zitronensoße

(für 4 Personen)

Zubereitung:

① Die Fleischwürfel im Öl kräftig anbraten.
② Zwiebel und Knoblauch würfeln, zum Fleisch geben und kurz mit anbraten.
③ Zitrone auspressen und schälen.
④ Das Fleisch mit Brühe ablöschen, Zitronenschale, Saft einer halben Zitrone und Nelken zugeben und im Backofen bei 180 bis 200 Grad 90 Minuten bei geschlossenem Deckel schmoren lassen.
⑤ Saft der anderen halben Zitrone mit Joghurt und Eigelb gut verrühren.
⑥ Die Ragoutsoße abgießen, die Joghurtmischung unterrühren, nicht mehr kochen lassen.
⑦ Evtl. mit Pfeffer, Salz und Zucker abschmecken.
⑧ Die Nelken und die Zitronenschale aussortieren, die Soße unter das Fleisch heben und mit Reis servieren.

Lammrouladen im Koriandermantel

(für 4 Personen)

Tipp

Mit Stampfkartoffeln und Wurzelgemüse servieren.

Zubereitung:

① Lammlachse zu Rouladen schneiden, platt klopfen, dünn mit Senf bestreichen, mit den Kräutern bestreuen, mit dem Schinken belegen und aufrollen.
② Korianderkörner in einer beschichteten Pfanne ohne Fett rösten und im Mörser grob zerkleinern.
③ Die Rouladen im Koriander wälzen.
④ Die Rouladen in der Pfanne von allen Seiten in Öl anbraten und im Ofen bei 150 Grad 20 bis 25 Minuten zu Ende garen.

Zutaten:

600 g Lammlachse
Orangensenf
1 EL gehackter Rosmarin und Thymian
4 Scheiben luftgetrockneter Schinken
2–3 EL Korianderkörner
Olivenöl

Lammrouladen mit Hackfleischfüllung

(für 4 Personen)

Zubereitung:

① Die Fleischscheiben mit Oregano würzen und mit jeweils einer Schinkenscheibe belegen.
② Sardellenfilets in feine Stücke schneiden und mit den restlichen Zutaten zu einem Teig vermengen.
③ Den Teig auf den Schinken auftragen, das Fleisch aufrollen und mit Küchengarn zusammenbinden.
④ Die Rouladen in Öl anbraten, Wasser zugeben, sodass die Rouladen zu drei Vierteln bedeckt sind.
⑤ Die Rouladen ca. 45 Minuten garen und mit Salz, Pfeffer und Paprika abschmecken. Die Soße evtl. reduzieren.

Zutaten:

8 dünne Scheiben aus der Lammkeule (à ca. 100 g)
1 TL Oregano
8 Scheiben magerer Schinken
20 g Sardellenfilets
200 g Lammhackfleisch
2 TL Kapern
Salz
Pfeffer
1 TL mildes Paprikapulver

Lammrouladen mit Bärlauch

(für 4 Personen)

Zutaten:

8 Rouladen aus der Keule (à ca. 100 g)
Pfeffer
Salz
scharfer Senf
8 TL Bärlauch (eingelegt in Olivenöl)
1 Zwiebel
200 g Tomaten
1 Msp. Chiliflocken
Wasser

Tipp

Statt mit Bärlauch kann man die Rouladen auch mit durchwachsenem Speck, Zwiebeln und Knoblauch füllen. Sie bekommen so einen besonders würzigen Rauchfleischgeschmack!

Zubereitung:

① Rouladen mit Pfeffer und Salz bestreuen und mit etwas scharfem Senf bestreichen.
② Eingelegten Bärlauch in ein Sieb geben und das Öl ablaufen lassen, evtl. leicht ausdrücken. Auf jede Roulade 1 TL Bärlauch geben und aufrollen. Mit Küchengarn zusammenbinden.
③ Rouladen im Bärlauchöl bei mittlerer Hitze anbraten.
④ Zwiebel klein schneiden und mitbraten.
⑤ Tomaten würfeln und mit dem Chili zufügen, mit Wasser auffüllen, bis die Rouladen fast bedeckt sind, und ca. 45 Minuten langsam kochen lassen.
⑥ Soße durch ein Sieb geben, evtl. reduzieren und mit Salz und Pfeffer abschmecken.

Lammschmortopf mit Kartoffeln

(für 4 Personen)

Zutaten:

1 kg Lammschulter oder Nacken
250 g Zwiebeln
2 Knoblauchzehen
Salz
Pfeffer
500 g Weißkohl
1 EL Kümmel
je 1 EL Thymian
1 l Brühe
500 g Kartoffeln
Petersilie

Zubereitung:

① Lammfleisch vom Knochen lösen, Fett abtrennen und das Fleisch in kleine Stücke schneiden.
② Fettabschnitte in der Pfanne auslassen, herausnehmen und die mageren Fleischwürfel darin anbraten.
③ Zwiebeln und Knoblauch würfeln, kurz mitbraten und mit Salz und Pfeffer würzen.
④ Den Pfanneninhalt in einen Topf geben.
⑤ Den Kohl hobeln, zusammen mit Kümmel, Thymian und der Brühe in den Topf geben und ca. 45 Minuten mit geschlossenem Deckel garen lassen.
⑥ Die Kartoffeln in Streifen schneiden und ebenfalls zufügen.
⑦ Den Schmortopf weitere 20 Minuten garen.
⑧ Kurz vor dem Servieren Petersilie überstreuen.

Lammschmortopf mit Zucchini

(für 4 Personen)

Zubereitung:

1. Das Fleisch in Würfel schneiden und von allen Seiten in Öl in der Pfanne anbraten.
2. Das Fleisch in einen Schmortopf geben.
3. Knoblauch und Zwiebel klein schneiden, einige Minuten in der Pfanne dünsten und zum Fleisch geben.
4. Tomaten häuten und würfeln und in den Topf geben.
5. Zitronensaft, Majoran, Tomatenmark, Brühe, Salz und Pfeffer zufügen und 45 Minuten kochen lassen.
6. Zucchini in Stücke schneiden, in den Topf geben, untermengen und nochmals 15 bis 20 Minuten langsam kochen lassen.

Zutaten:

1 kg Lammschulter ohne Knochen
3 EL Olivenöl
3 Knoblauchzehen
1 Zwiebel
500 g Tomaten
Saft von 1 Zitrone
1 EL Majoran
2 EL Tomatenmark
$^1/_4$ l Lammfleischbrühe
Salz
Pfeffer
500 g Zucchini

Tipp

Als Beilage eignen sich Reis oder gebackene Kartoffeln. Wenn man den Reis mit einem Zweig Currykraut kocht, bekommt er einen feinen Currygeschmack, bleibt aber weiß.

Lammfleischtopf mit Apfelwein

(für 4 Personen)

Zubereitung:

① Apfelwein, Apfelessig, Salz, Thymian und Honig im Topf aufkochen und erkalten lassen.
② Das Fleisch zufügen und zwei Tage marinieren.
③ Zwiebeln würfeln.
④ Das Fleisch von der Beize trennen, gut abtropfen lassen und zusammen mit den Zwiebeln in Butterschmalz anbraten.
⑤ Mehrmals mit etwas Beizflüssigkeit ablöschen, Tomatenmark zugeben und kurz mit anschwitzen.
⑥ Die restliche Beizflüssigkeit zugeben und alles ca. 60 Minuten schmoren.
⑦ Möhren, Porree und Sellerie in Streifen schneiden und nach 30 Minuten Garzeit zufügen.
⑧ Den Apfel in kleine Stücke schneiden, mit Pfeffer, Salz, evtl. Honig und Apfelwein abschmecken, 5 Minuten kochen lassen und zufügen.
⑨ Die Soße, falls nötig, binden.

Zutaten:

0,7 l Apfelwein
2 EL Apfelessig
Salz
2 Thymianzweige
3 EL Honig
1 kg Lammgulasch
2 Zwiebeln
2 EL Butterschmalz
1 EL Tomatenmark
je 50 g Möhren, Porree, Sellerie
1 gr. Apfel

Zum Abschmecken:
Pfeffer
Salz
Honig
Apfelwein

Tipp

Als Beilage eignen sich Kartoffel-Sellerie-Püree und ein frischer Salat der Saison.

Rosenkohllammtopf

(für 6 Personen)

Zutaten:

800 g Lammgulasch
2 EL Senf
1 EL Sonnenblumenöl
1,5 l Lammbrühe
2 Lorbeerblätter
Salz
einige Pfefferkörner
500 g Kartoffeln
750 g Rosenkohl
200 g durchwachsener Speck oder Schinkenwürfel
400 g Porree
2 EL Öl
4 EL Crème fraîche

Zubereitung:

① Fleisch mit Senf gut vermengen, 60 Minuten ziehen lassen und in Öl bei mittlerer Hitze anbraten.
② Mit Brühe ablöschen, Lorbeerblätter, Salz und Pfefferkörner zugeben und ca. 30 Minuten kochen lassen.
③ Kartoffeln in Streifen schneiden und zusammen mit dem Rosenkohl in der Brühe weitere 30 Minuten garen.
④ Speck und Porreeringe in Öl in der Pfanne braun braten und in die Suppe geben.
⑤ Crème fraîche einrühren, mit Salz und Pfeffer abschmecken und frisches Bauernbrot dazu reichen.

Bunter Gemüseeintopf mit Lammnacken

(für 4 Personen)

Zubereitung:

1. Den Lammnacken in Wasser mit Salz und Pfeffer ca. 60 bis 90 Minuten kochen, bis das Fleisch weich ist.
2. Möhren, Staudensellerie und Porree in Scheiben schneiden, Kohlrabi und Kartoffeln in Stifte schneiden, Zwiebeln grob würfeln.
3. Das Fleisch aus der Brühe nehmen.
4. Die Brühe durch ein feines Sieb geben und in den Topf zurückgießen.
5. Das Gemüse und die Kartoffeln in der Brühe ca. 30 Minuten langsam kochen lassen.
6. Kaiserschoten in Rauten schneiden und die letzten 5 Minuten mit dem anderen Gemüse garen.
7. Das Fleisch vom Knochen ablösen und in Würfel schneiden.
8. Schmelzkäse vorsichtig einrühren, Lammfleischwürfel zugeben, mit Salz und Pfeffer abschmecken und servieren.

Zutaten:

0,8–1,0 kg Lammnacken mit Knochen
1,5 l Wasser
Salz
Pfeffer
250 g Möhren
1 Staudensellerie
1 Stange Porree
1 Kohlrabi
400 g Kartoffeln
1 Zwiebel
200 g Kaiserschoten
200 g Kräuterschmelzkäse

Lammzungenragout

(Vorspeise für 8 Personen)

Zubereitung:

① Suppengrün klein schneiden und mit Lammzungen, Zwiebel, Lorbeer und Salz in Wasser bei geringer Hitze ca. 90 Minuten kochen.
② Zungen aus der Brühe nehmen, in kaltes Wasser legen, häuten und in Würfel schneiden.
③ Die Brühe abseihen und auf 300 ml reduzieren.
④ Aus Butter und Mehl eine Schwitze herstellen und die reduzierte, kochende Brühe einrühren.
⑤ Meerrettich und Sahne zufügen und mit Salz und Zucker abschmecken.
⑥ Die Lammzungenwürfel zur Soße geben und darin 10 Minuten ziehen lassen.
⑦ Das Ragout in Blätterteigpasteten servieren.

Zutaten:

1 Bd. Suppengrün
8 Lammzungen
1 kl. Zwiebel
1 Lorbeerblatt
Salz
500 ml Wasser
1 EL Butter
1 gestr. EL Mehl
1 EL Meerrettich aus dem Glas
100 g Sahne
Zucker
8 Blätterteigpasteten

Tipp

Statt mit Meerrettich kann man das Ragout auch mit Hackbällchen, braunen Champignons, Madeira und Worcestersoße zubereiten (siehe Foto), dann allerdings ohne Sahne.

Lammzunge in Aspik

(für 4 Personen)

Zutaten:

6 gepökelte Lammzungen
Salz
ganze schwarze Pfefferkörner
2 Lorbeerblätter
200 g weißer Spargel
200 g grüne Bohnen
100 g Champignons
70 g Gelatinepulver
20 ml Madeira

Zubereitung:

① Die Lammzungen in kaltem Wasser aufsetzen und zum Kochen bringen, dabei laufend den Schaum abschöpfen.
② Mit Salz, Pfefferkörnern und Lorbeer würzen und die Zungen etwa 90 Minuten sieden lassen, bis sie weich sind.
③ Spargel, Bohnen und Champignons in Salzwasser abkochen.
④ Die Lammzungen aus der Brühe nehmen, etwas abkühlen lassen und die Haut abziehen.
⑤ Die etwas abgekühlte Brühe von den Lammzungen durch ein Geschirrtuch passieren und 1 Liter für den Aspik abmessen. Zu der Brühe die Gelatine geben, gut verrühren und bei schwacher Hitze auflösen (nicht kochen!). Sobald die Gelatine aufgelöst ist, den Fond noch einmal kräftig abschmecken und zum Schluss 20 ml Madeira dazugeben.
⑥ 2 Zungen in Würfel schneiden und eine Terrinen- oder Kastenform damit auslegen.
⑦ Eine Lage Bohnen und Spargel im Wechsel der Länge nach auflegen, mit dem Aspikfond aufgießen, bis alles bedeckt ist.
⑧ Kalt stellen, bis der Aspik fest ist.
⑨ Die restlichen Zungen längs in die Form legen. Zwischen die Zungen die Champignons verteilen, mit dem übrigen Aspikfond auffüllen, bis alles gut bedeckt ist, und den restlichen Spargel und die Bohnen in den Fond einlegen. Gut durchkühlen lassen.
⑩ In Scheiben schneiden und mit Rosmarinbratkartoffeln servieren.

Linsensuppe mit Lammfleisch

(für 6 Personen)

Zutaten:

1 Bd. Suppengrün
500 g Linsen
1,5 l Wasser
3–4 einzelne Liebstöckel-blätter
100 g Petersilienwurzeln
500–600 g Lammfleisch-würfel aus Nacken oder Blatt
Rapsöl
3–4 Kartoffeln
2 Zwiebeln
2 EL gekörnte Gemüsebrühe
Salz
Pfeffer
2 Knoblauchzehen
1 EL fein geschnittener Majoran

Zubereitung:

① Das Suppengrün klein schneiden.
② Linsen nach Packungsanleitung in Wasser mit Suppengrün, Liebstöckel und Petersilienwurzeln kochen.
③ Das Fleisch mit Rapsöl in der Pfanne scharf anbraten, herausnehmen und mit den Linsen 30 Minuten kochen.
④ Kartoffeln in Streifen oder Würfel schneiden und 20 Minuten vor Ende der Garzeit zugeben.
⑤ Die Zwiebeln in größere Würfel schneiden und in der Pfanne braten, bis sie braun sind.
⑥ Am Ende der Garzeit Zwiebeln und Brühe zugeben, mit Salz und Pfeffer abschmecken und 20 Minuten ziehen lassen.
⑦ Kurz vor dem Servieren den Knoblauch pressen und mit dem Majoran in die Suppe rühren.

Ein paar Tipps

- Hülsenfrüchte nie mit Salz und Gewürzen kochen, da sich die Kochzeit sonst verlängert!
- Statt brauner Linsen kann man auch rote, gelbe oder schwarze nehmen oder die Suppe mit Erbsen (gelb, grün) kochen. Die unterschiedlichen Garzeiten der verschiedenen Hülsenfrüchte dabei bitte beachten. Erbsen über Nacht einweichen, um die Garzeit zu verkürzen.
- Zu den gebratenen Zwiebeln kann man zusätzlich gebratene Speck- oder Schinkenwürfel geben. Das gibt dem Eintopf einen kräftigen Rauchgeschmack.

Kreationen aus aller Welt

Borschtsch
(für ca. 12 Personen)

Zubereitung:

① Sellerie, Petersilienwurzeln, Rote Bete, Zwiebeln, Knoblauch und Porree in Würfel oder Scheiben schneiden und in einen Kochtopf geben.
② Die Fleischwürfel darüberlegen und mit Wasser auffüllen, bis das Fleisch bedeckt ist.
③ Salz, Paprikapulver, Pfefferkörner, Pfeffer und Lorbeerblätter zufügen und alles ca. 60 Minuten kochen.
④ Kohl, Dill (etwas Dill zum Dekorieren zurücklegen) und Petersilie klein schneiden, die Möhren in Scheiben schneiden, die Kartoffeln würfeln, alles in den Topf geben und weitere 20 Minuten garen.
⑤ Tomatenmark und Zucker zufügen, gut umrühren und 5 Minuten ziehen lassen.
⑥ Den Borschtsch heiß in tiefe Teller füllen. Jeweils in die Mitte etwas saure Sahne geben und mit frischem Dill dekorieren.

Zutaten:

1 kl. Sellerieknolle mit Blättern
3 Petersilienwurzeln
2 Rote Bete
3 Zwiebeln
3 Knoblauchzehen
1 Stange Porree
500 g Lammfleischwürfel (Hals, Nacken oder Blatt)
500 g Rindfleischwürfel (Beinscheibe)
500 g Schweinefleischwürfel (Kassler Nacken)
2 EL Salz
1 TL Paprikapulver (scharf)
1 TL Pfefferkörner
1 EL schwarzer Pfeffer
2 Lorbeerblätter
1 kg Weißkohl
1 Bd. Dill
1 Bd. Petersilie
500 g Möhren
1 kg Kartoffeln
250 g Tomatenmark
1 EL Zucker
400 g saure Sahne

Tipp

Die Knochen kann man in einem anderen Topf kochen und die durchgesiebte Brühe dem Eintopf zufügen.

Börek mit Lammhack-Schafskäse-Füllung

(als Vorspeise für 8–12 Personen)

Zutaten:

400 g Lammhackfleisch
Olivenöl
1 Knoblauchzehe
Pfeffer
300 g Schafskäse
Salz
1 Paket Teigblätter (24 Stück)

Zubereitung:

① Lammhackfleisch in der Pfanne mit wenig Öl braun anbraten. Nach dem Braten sollte kein Fleischsaft mehr in der Pfanne sein.

② Knoblauch pressen, kurz mit anschwitzen, mit Pfeffer würzen und auskühlen lassen.

③ Den Schafskäse zerbröseln und mit dem Hackfleisch vermengen.

④ Eventuell nachsalzen. Oft reicht jedoch der gesalzene Schafskäse aus.

⑤ Je 2 bis 3 Teelöffel der Hackfleischmasse auf die breite Seite der Teigblätter geben, fest aufrollen, zwischendurch die Enden umklappen und mit einrollen. Dabei die Spitzen mit Wasser bestreichen, damit sie festkleben.

⑥ Die Rollen frittieren oder in der Pfanne bei mittlerer Hitze mit reichlich Öl von allen Seiten goldgelb braten.

Tipp

Eine Füllung mit Hackfleisch und Bärlauch ist auch sehr lecker!

Irish Stew

(für 4 Personen)

Zutaten:

600 g Lammfleisch (Schulter, Nacken), gewürfelt
1 l Brühe
Pfeffer
Salz
Kümmel
2 Zwiebeln
400 g Kartoffeln
1 kg Weißkohl

Zubereitung:

① Lammfleischwürfel mit Brühe, Pfeffer, Salz und Kümmel ca. 45 Minuten kochen.
② Zwiebeln und Kartoffeln würfeln, Weißkohl in Streifen schneiden.
③ Das Gemüse mit in den Topf geben und alles nochmals 20 Minuten kochen.

Lammpilaw

(für 4 Personen)

Zutaten:

800 g Lammschulter-fleischstücke
3 EL Butterschmalz
2 Zwiebeln
500 g Sellerie
600 g Tomaten
Pfeffer
Salz
Paprikapulver
1 l Wasser
300 g Langkornreis
1 EL Petersilie

Zubereitung:

① Die Fleischwürfel in Butterschmalz bräunen.
② Zwiebeln und Sellerie in Stücke schneiden, Tomaten häuten und zum Fleisch geben.
③ Mit Pfeffer, Salz und Paprika würzen, Wasser zugeben und 45 bis 60 Minuten kochen.
④ Den Reis zugeben und alles weitere ca. 20 Minuten köcheln lassen.
⑤ Zum Schluss nachwürzen und mit gehackter Petersilie überstreuen.

Afrikanisches Lammgulasch
(für 4 Personen)

Zutaten:

1 kg Lammschulterfleisch
$1^1/_2$ EL Ras el-Hanout (marokkanische Gewürzmischung)
2 TL Wasser
2 EL Sonnenblumenöl
1 TL Butter
2 EL Honig
1 Pr. Oregano
4 EL Sultaninen

Zubereitung:

① Lammschulterfleisch in Stücke schneiden und in einen Bratentopf geben.
② Ras el-Hanout darüberstreuen.
③ Wasser, Sonnenblumenöl, Butter, Honig und Oregano zugeben und vermengen.
④ Das Fleisch im vorgeheizten Backofen (250 Grad) ca. 30 Minuten garen lassen, dann die Temperatur auf 180 Grad reduzieren und mit geschlossenem Deckel ca. 30 bis 45 Minuten weiterschmoren lassen.
⑤ Sultaninen in warmem Wasser einweichen und nach dem Garen zufügen.
⑥ Das Gulasch unter ständigem Rühren auf dem Herd einkochen lassen, bis eine sirupartige Konsistenz entsteht.

Tipp

Beim Anrichten kann man geröstete Mandeln überstreuen und dazu geröstetes Weißbrot reichen.

Lammgulasch Akropolis

(für 4 Personen)

Zutaten:

800 g Lammgulasch
6 EL Olivenöl
500 ml Wasser
2 EL Rotweinessig
1/2 TL Zimt
Salz
Pfeffer
1 Msp. gem. Kümmel
100 g Tomatenmark
Salz
Pfeffer
500 g kl. Schalotten
200 g Schafskäsewürfel

Zubereitung:

① Lammgulasch mit Öl in der Pfanne goldbraun anbraten.

② Alle weiteren Zutaten bis auf die Schalotten und den Schafskäse zufügen, gut umrühren und zugedeckt bei schwacher Hitze ca. 60 Minuten kochen.

③ Schalotten im Ganzen zugeben, alles gut mischen, eventuell nochmals mit Salz und Pfeffer abschmecken und weitere 20 Minuten kochen.

④ Schafskäsewürfel zugeben und ca. 3 Minuten ziehen lassen, bis der Käse zu schmelzen beginnt.

Hinweis

Vorsicht mit zusätzlichem Salz – Schafskäse ist oft bereits selbst salzig!

Tipp

Dazu passen frischer Salat und Weißbrot.

Orientalischer Lammtopf

(für 4 Personen)

Zutaten:

150 g Kichererbsen
500 g Auberginen
Salz
3 EL Weizenvollkornschrot
2 gr. Zwiebeln
600 g Lammgulasch aus der Keule
4 EL Olivenöl
3 Knoblauchzehen
schwarzer Pfeffer
1 TL Korianderpulver
1 TL Zimtpulver
3 EL Tomatenmark
$^1/_4$ l Lammbrühe
1 grüne Paprikaschote
50 g Pinienkerne
4 gehäufte EL Joghurt

Zubereitung:

① Erbsen 12 Stunden in Wasser einweichen.
② Auberginen in ca. 3 cm große Würfel schneiden, mit Salz bestreuen und zugedeckt in einer Schüssel 30 Minuten ziehen lassen.
③ Weizenschrot in etwas Wasser einweichen.
④ Zwiebeln fein hacken und mit dem Lammfleisch in Olivenöl anbraten.
⑤ Knoblauch in feine Würfel schneiden, Gewürze, Tomatenmark, Kichererbsen und Brühe zugeben und 60 Minuten garen.
⑥ Paprika in Streifen schneiden und zusammen mit den Auberginen und dem Weizenschrot ca. 20 Minuten in einem Topf garen.
⑦ Alles vermengen.
⑧ Pinienkerne in der Pfanne rösten und unterrühren.
⑨ Kräftig nachwürzen.
⑩ Vor dem Servieren auf jede Portion einen Esslöffel Joghurt geben.

Schnelle Asiagemüse-pfanne mit Lammfleisch

(für 4 Personen)

Zutaten:

400 g Lammlachs
20 ml helle Sojasoße
400 g Reisnudeln
6 EL Sesamöl
400 g TK-Asiagemüse
1 Pr. grob gemahlene Chilischoten
Salz

Zubereitung:

① Lammlachs in dünne, kleine Stücke schneiden, mit Sojasoße vermengen und 1 Stunde marinieren lassen.
② Reisnudeln nach Packungsanweisung kochen.
③ Sesamöl in der Pfanne erhitzen, das Fleisch darin kurz anbraten, herausnehmen, abgedeckt warm stellen.
④ Das Asiagemüse in der Pfanne andünsten.
⑤ Das Fleisch zufügen, mit Chili, Sojasoße und Salz abschmecken und servieren.

Tipp

Zu diesem Gericht mit ganz kurzer Zubereitungszeit passt hervorragend der scharfe Habanero-Dip (siehe Seite 140).

Zutaten:

500 g Lammfleisch aus der Schulter
3 EL Schmalz
2 Zwiebeln
3/4 l Wasser
Pfeffer
Salz
250 g Langkornreis
1 TL Rosenpaprika
1 EL Tomatenmark

Serbisches Reisfleisch

(für 4 Personen)

Zubereitung:

1. Lammfleisch würfeln und in heißem Fett von allen Seiten scharf anbraten.
2. Zwiebeln würfeln, dazugeben und glasig dünsten.
3. Wasser, Pfeffer und Salz zugeben und 60 Minuten kochen lassen. Reis, Paprika und Tomatenmark zufügen und den Reis mit geschlossenem Deckel bei schwacher Hitze ca. 20 Minuten quellen lassen. Zwischendurch mehrmals umrühren.

Tipp

Zum Serbischen Reisfleisch passt ein frischer, grüner Salat. Auch ein Spitzkohl-Möhren-Salat (siehe Tipp auf Seite 125) ist eine sehr gute Ergänzung.

Ungarisches Lammgulasch

(für 4 Personen)

Zutaten:

750 g Lammfleischwürfel (Schulter, Nacken)
3 EL Öl
4 Zwiebeln
500 g grüne Bohnen
200 g Tomatenpaprika (Dose)
Salz
Pfeffer
4 TL edelsüßes Paprikapulver
$^1/_4$ l heiße Fleischbrühe
200 g Joghurt
1 Bd. Petersilie, gehackt

Zubereitung:

① Die Fleischwürfel ca. 15 Minuten im Öl anbraten.
② Zwiebeln in Ringe schneiden. Zusammen mit grünen Bohnen, Tomatenpaprika, Salz, Pfeffer, Paprikapulver und Fleischbrühe zum Fleisch geben. Im geschlossenen Topf ca. 45 Minuten kochen.
③ Zuletzt Joghurt einrühren und Petersilie über das Gulasch streuen.
④ Als Beilage eignen sich Reis oder Fladenbrot.

Lammsteak mediterran mit Ofenkartoffeln

(für 4 Personen)

Zutaten:

600 g Lammlachse
800 g Kartoffeln
Olivenöl
Kräutersalz
100 g schwarze Oliven ohne Kerne
6 getrocknete Tomaten
2 Knoblauchzehen
2 EL Rosmarinnadeln
400 g braune Champignons
Pfeffer
Fleur de Sel

Zubereitung:

① Lammlachse quer zur Fleischfaser in dünne Scheiben schneiden und kalt stellen.
② Kartoffeln schälen, halbieren und die abgerundete Hälfte gerade schneiden, damit die Kartoffeln auf dem Blech stehen.
③ Backofen auf 180 Grad vorheizen.
④ Kartoffeln mit Öl bepinseln und mit Kräutersalz bestreuen.
⑤ Öl auf das heiße Backblech geben und die Kartoffelhälften auflegen. 30 bis 40 Minuten garen lassen.
⑥ Oliven in Scheiben schneiden, Tomaten und Knoblauch in dünne Streifen oder Würfel schneiden.
⑦ Oliven, Tomaten, Knoblauch und Rosmarinnadeln kurz in der Pfanne in Olivenöl anbraten, herausnehmen und warm stellen.
⑧ Champignons in Scheiben schneiden, in der Pfanne anbraten, mit Pfeffer und Fleur de Sel abschmecken und warm stellen.
⑨ In einer anderen Pfanne die Lammlachsscheiben kurz in heißem Öl von beiden Seiten braten, dann salzen.
⑩ Zum Servieren die Oliven-Tomaten-Rosmarin-Mischung über die gebratenen Lammlachsscheiben geben. Kartoffeln und Champignons dazu anordnen.

Zutaten:

800 g Lammgulasch
3 EL Öl
2 Knoblauchzehen
2 Zwiebeln
Pfeffer
Salz
2 EL TK-Kräuter (6–8 versch. Kräuter)
1 Stange Porree
1/4 l Brühe
200 g Ziegenfeta

Lammragout mit Ziegenfeta

(für 4 Personen)

Zubereitung:

1. Fleischwürfel von allen Seiten in Öl anbraten.
2. Knoblauch und Zwiebeln fein würfeln, kurz mitbraten, pfeffern, salzen und alles in eine feuerfeste Form geben.
3. Kräuter über dem Fleisch verteilen.
4. Porree in Scheiben schneiden, dazugeben, umrühren und Brühe zugießen.
5. Im Backofen bei 180–200 Grad mit Deckel ca. 45 Minuten garen.
6. Ziegenfetawürfel auf das Ragout legen und ohne Deckel ca. 15 Minuten überbacken.
7. Dazu reicht man krosses Fladenbrot.

Keule
und Haxen

Zutaten:

4 Lammhinterhaxen
Salz
Pfeffer
3 EL Öl
2 Karotten
4 Zwiebeln
1 Stange Lauch
1 Sellerieknolle
3 EL Tomatenmark
$^1/_4$ l Dunkelbier
1 $^1/_2$ l Wasser
1 Zweig Bohnenkraut
200 g Bacon
1 Msp. gem. Kümmel

Lammhaxe in Biersoße

(für 4 Personen)

Zubereitung:

① Haxen salzen, pfeffern und in heißem Öl von allen Seiten braun anbraten.
② Karotten, zwei Zwiebeln, Lauch und Sellerie klein schneiden und mit anbräunen.
③ Tomatenmark zufügen und alles kurz anschwitzen lassen.
④ Bier, Wasser und Bohnenkraut zugeben und ca. 60 Minuten schmoren lassen.
⑤ Danach die Haxen herausnehmen und im vorgeheizten Backofen bei 250 Grad kurz braten, bis sie außen kross sind.
⑥ Die Soße durch ein Sieb geben und auf die Hälfte reduzieren.
⑦ Bacon in der Pfanne kross braten und herausnehmen.
⑧ Die beiden übrigen Zwiebeln würfeln, in der Pfanne goldbraun braten und mit Kümmel würzen.
⑨ Haxen mit der Soße übergießen, Zwiebeln darüber verteilen, Bacon darauflegen und mit Kartoffelklößen und Rotkohl oder Sauerkraut servieren.

Lammhaxe mit Kartoffeln und Möhren

(für 4 Personen)

Zubereitung:

① Haxen mit Knoblauch spicken.
② Salz und Mehl mischen, Haxen darin wälzen und in Öl von allen Seiten in der Pfanne anbraten.
③ Die Haxen in einen Topf legen.
④ Zwiebeln in Scheiben schneiden, in der Pfanne kurz anbraten.
⑤ Salz, Pfeffer, Oregano, Sherry, Tomatensaft und Brühe dazugeben, kurz durchkochen und zu den Haxen geben.
⑥ Alles ca. 45 Minuten langsam kochen lassen.
⑦ Kartoffeln würfeln, Möhren in Scheiben schneiden, zufügen und weitere 20 Minuten kochen lassen.
⑧ Mit Salz und Pfeffer abschmecken und servieren.

Zutaten:

4 Lammhaxen
2 Knoblauchzehen
$^1/_4$ TL Salz
30 g Mehl
Rapsöl
2 Zwiebeln
Salz
Pfeffer
1 Msp. Oregano
20 ml Sherry
$^1/_4$ l Tomatensaft
$^1/_2$ l Lammbrühe
600 g geschälte Kartoffeln
6 Möhren

Tipp

Die Bratlinge ganz zum Schluss zubereiten, damit sie knusprig sind.

Lammkeule mit Rouladenfüllung,
Spitzkohl und Currysoße
(für 4 Personen)

Zutaten:

2 Zwiebeln
200 g Speck- oder Schinkenwürfel
Schmalz
2 EL scharfer Senf
Salz
Pfeffer
1 kg Lammkeule ohne Knochen
600–800 g Spitzkohl
2 EL Butterschmalz
1 EL Butter
1 EL Mehl
100 g Sahne
Curry
Kreuzkümmel

Zubereitung:

① Zwiebeln in feine Würfel schneiden.
② Speckwürfel mit den Zwiebeln in etwas Schmalz anbraten und kalt stellen.
③ Nach dem Erkalten mit Senf verrühren und kräftig mit Salz und Pfeffer abschmecken.
④ Die Keule mit der Masse füllen und mit Küchengarn zusammenbinden.
⑤ Die Keule im Bräter im Backofen bei 250 Grad in etwas Schmalz ca. 20 Minuten von allen Seiten anbraten. Mit Salz und Pfeffer würzen. Eventuell übrig gebliebene Füllmasse mit in den Bräter geben.
⑥ Temperatur auf 180 Grad reduzieren, etwas Wasser zugeben, Deckel schließen und ca. 90 Minuten garen.
⑦ Den Spitzkohl in dünne Streifen raspeln, in der Pfanne mit Butterschmalz bissfest dünsten und mit Salz abschmecken.
⑧ Aus Butter und Mehl eine Schwitze herstellen, mit Sahne ablöschen und mit Curry und Salz abschmecken.
⑨ Aus dem Fond eine Soße herstellen.
⑩ Die Lammkeule in Scheiben schneiden und anrichten. Über den Kohl und die Currysoße etwas Kreuzkümmel streuen.

Dazu

Kartoffel-Kürbis-Bratling

Zutaten:

150 g Kartoffeln
150 g Kürbisfleisch (Lakota, Hokkaido)
½ Zwiebel
1 Knoblauchzehe
1 Ei
1 EL ger. Semmel
1 EL Haferflocken
½ TL Curcuma
1 Msp. Schwarzkümmel
Sonnenblumenöl zum Braten

Zubereitung:

① Kartoffeln, Kürbis, Zwiebel und Knoblauch fein raspeln.
② Restliche Zutaten zufügen und gut vermengen.
③ Sonnenblumenöl in einer Pfanne erhitzen. Den Teig portionsweise in die Pfanne geben, mit einem Esslöffel flach drücken und von beiden Seiten goldbraun braten.

Lammkeule in Buttermilchbeize mit Kräuterkruste

(für 6 Personen)

Zutaten:

1,5 kg Lammkeule
1 l Buttermilch
1 TL Salz
Pfeffer
gem. Rosmarin
1 Bd. Suppengrün
2 Zwiebeln
1 Knoblauchzehe
2 Tomaten
50 g Butterschmalz
1 Lorbeerblatt
1/2 l Brühe
1/4 l trockener Rotwein
150 g Crème fraîche
50 g Kräuterbutter
2 TL Semmelbrösel
3 EL gehackte Petersilie

Zubereitung:

① Lammkeule 24 Stunden in Buttermilch einlegen. Mehrmals wenden, falls sie nicht vollständig mit Buttermilch bedeckt ist.
② Das Fleisch trocken tupfen, mit Salz, Pfeffer und Rosmarin einreiben.
③ Suppengrün, Zwiebeln und Knoblauch klein schneiden.
④ Tomaten häuten und würfeln.
⑤ Die Keule in Butterschmalz in einem Bräter von allen Seiten anbraten.
⑥ Gemüse und Lorbeerblatt mit in den Bräter geben und die Brühe angießen. Im Backofen bei 200 Grad 90 Minuten braten. Zwischendurch immer wieder mit Soße übergießen.
⑦ Wein und 3 EL Crème fraîche über die Keule geben.
⑧ Kräuterbutter mit Semmelbröseln und gehackter Petersilie vermischen, auf die Keule streichen, die Temperatur auf 180 Grad reduzieren und weitere 20–30 Minuten braten.
⑨ Aus dem Fond eine Soße herstellen und die restliche Crème fraîche einrühren.

Tipp

Man kann die letzten 40 Minuten der Garzeit kleine ganze Kartoffeln in die Brühe im Bräter legen. Sie bekommen einen hervorragenden, würzigen Geschmack.

Gespickte Lammkeule (Niedergarmethode)

(für 6 Personen)

Zubereitung:

① Die Knoblauchzehen halbieren, den Speck in ca.1 cm dicke Stifte schneiden und die Lammkeule damit spicken.
② Zwiebeln in Scheiben schneiden, auf der Keule auslegen und mit Kräutersalz bestreuen. Einen Tag im Kühlschrank marinieren.
③ Zwiebeln entfernen und die Keule in Öl braun anbraten.
④ Die Keule rundherum mit Pfeffer bestreuen und in einen Bräter legen.
⑤ Die Möhre in Stücke schneiden, mit den Zwiebeln anbraten und in den Bräter geben.
⑥ Staudensellerie klein schneiden und mit den restlichen Zutaten in den Bräter geben.
⑦ Die Keule ohne Deckel bei 80 Grad 4–4,5 Stunden im Backofen garen. Mehrmals mit der Flüssigkeit übergießen.
⑧ Fond durch ein Sieb passieren und die Soße mit Kräutersalz abschmecken.

Zutaten:

6 Knoblauchzehen
100 g fetter geräucherter Speck
1 Lammkeule ohne Knochen (ca. 2 kg)
2 Zwiebeln
Kräutersalz
Sonnenblumenöl
Pfeffer
1 Möhre
200 g Staudensellerie
100 g getrocknete Tomaten
$^1/_2$ l trockener Weißwein
4 Pimentkörner
2 Nelken

Tipp

Die Speckschwarte kann man mit in den Bräter geben. Sie gibt der Soße einen besonderen Rauchgeschmack und bindet sie gleichzeitig.
Mit einem Ofenthermometer sollte man die Temperatur kontrollieren, da sie bei den meisten Backöfen nicht genau eingehalten wird!

Grobkörniger Senf

Lammkeule mit Senf-Ahornsirup-Kruste auf Champignons mit Kräuterkartoffeln

(für 6–8 Personen)

Zubereitung:

① Knoblauchzehen vierteln und die Keule damit spicken.
② Mit Olivenöl und Majoran einreiben.
③ Die Zwiebeln in Scheiben schneiden und auf der Keule auslegen.
④ Selleriesalz auf die Zwiebelscheiben streuen und die Keule über Nacht abgedeckt kalt stellen.
⑤ Am nächsten Tag Zwiebeln abnehmen, Keule wenden, die Zwiebeln wieder auflegen und eine weitere Nacht im Kühlschrank ziehen lassen.
⑥ Den Backofen auf 220 Grad vorheizen.
⑦ Zwiebeln entfernen und die Keule von beiden Seiten je 10 Minuten im Bräter in Olivenöl anbraten. Die letzten 5 Minuten die Zwiebeln mitbraten.
⑧ Lammbrühe zufügen und mit geschlossenem Deckel bei 170 bis 180 Grad ca. 2 Stunden garen lassen.
⑨ Senf, Ahornsirup, Grünkernmehl und Salz verrühren und die Keule damit bestreichen. Ohne Deckel ca. 30 Minuten weiterbraten.
⑩ Die Kartoffeln schälen und halbieren. Aus der glatten Seite mit einem scharfkantigen Löffel eine Mulde herausnehmen und mit Kräuterbutter füllen. Im Backofen ca. 45 Minuten auf dem gefetteten Backblech mitbacken.
⑪ Champignons in Scheiben schneiden, Zwiebeln würfeln und in Öl in der Pfanne braten. Salz und Pfeffer zugeben und gar schmoren lassen.
⑫ Aus dem Fond eine Soße herstellen. Die Keule auf den Champignons anrichten und die Kartoffeln darumlegen.

Zutaten:

6 Knoblauchzehen
2,5 kg Lammkeule
Olivenöl
3 EL getr. Majoran
2 Zwiebeln
1 EL Selleriesalz
150 ml Lammbrühe
4 EL scharfer Senf
60 ml Ahornsirup
1 TL Grünkernmehl
1 gestr. TL Salz
8–10 Kartoffeln
200 g Kräuterbutter
1 kg braune Champignons
3 Zwiebeln
6 EL Olivenöl
Salz
Pfeffer

Zutaten:

1 kg Lammkeule ohne Knochen
je 2 Zweige Basilikum, Rosmarin und Thymian
125 ml Essig
2 Lorbeerblätter
75 ml Rotwein
1 Zwiebel
1 Bd. Suppengrün
1 unbehandelte Orange
1 unbehandelte Zitrone
Pfeffer
Salz
Olivenöl zum Anbraten
80 g Semmelbrösel
50 g mittelscharfer Senf
3 EL weiche Butter

Lammkeule mit Senfkruste

(für 4 Personen)

Zubereitung:

① Lammkeule in eine Schüssel legen.
② Blätter von Basilikum, Rosmarin und Thymian klein schneiden.
③ Essig mit der Hälfte der Kräuter verrühren, Lorbeerblätter zugeben und mit dem Rotwein über das Fleisch gießen.
④ Zwiebel und Suppengrün klein schneiden und zu der Keule geben.
⑤ Orangen und Zitronen in Scheiben schneiden und in die Marinade legen. Das Fleisch abgedeckt 1–2 Tage im Kühlschrank marinieren, ab und zu wenden.
⑥ Das Fleisch aus der Marinade nehmen, trocknen und mit Pfeffer und Salz würzen. Im Bräter im vorgeheizten Backofen bei 230 Grad in Öl von allen Seiten anbraten.
⑦ Die Marinade durch ein Sieb geben.
⑧ Etwas mariniertes Gemüse in den Bräter geben, mit andünsten, etwas Marinade dazugießen und ohne Deckel auf mittlerer Schiene ca. 90 Minuten bei 180 Grad braten. Die Keule während des Bratens mehrmals mit der Marinade begießen.
⑨ Für die Kruste Semmelbrösel, klein geschnittene Kräuter, Salz, Senf und Butter verrühren. Die Masse nach ca. 60 Minuten Bratzeit auf die Lammkeule streichen und fertig braten.

Gekochte Lammkeule

(für 4 Personen)

Zutaten:

1 kg Lammkeule
Pfeffer
Salz
1 Msp. Muskat
1 Lorbeerblatt
$^{1}/_{2}$ TL Thymian
2 EL Kräuter (Petersilie, Schnittlauch, Kerbel, Kresse, Pimpinelle, Borretsch, Sauerampfer)
1 kl. Zwiebel
1 EL Mayonnaise
150 g Joghurt

Zubereitung:

① Lammkeule mit Pfeffer, Salz und Muskat einreiben und in kochendes Wasser legen. Lorbeerblatt und Thymian zufügen und ca. 90 Minuten kochen lassen.
② Kräuter und Zwiebel fein schneiden und mit Mayonnaise, Joghurt, Pfeffer und Salz zu einer Soße verarbeiten.
③ Die Keule nach Ende der Garzeit auf einer großen Platte zusammen mit Gemüse und Salzkartoffeln servieren. Die Soße dazu reichen.

Geschmorte Lammkeulenscheiben

(für 4 Personen)

Zutaten:

2 TL brauner Zucker
Schale und Saft einer Zitrone
4 Scheiben aus der Lammkeule (à ca. 250 g)
3 EL Sonnenblumenöl
Salz
Pfeffer
$^{1}/_{4}$ l Fleischbrühe
$^{1}/_{8}$ l Weißwein
3 EL Crème fraîche

Zubereitung:

① Aus braunem Zucker, Zitronensaft und abgeriebener Zitronenschale eine Marinade herstellen und die Lammkeulenscheiben darin 60 Minuten ziehen lassen.
② Danach die Scheiben von beiden Seiten in heißem Öl braun anbraten, mit Salz und Pfeffer würzen.
③ Brühe, Wein und 2 Esslöffel der Marinade dazugeben und 60 Minuten schmoren lassen.
④ Aus dem Fond eine Soße herstellen, zum Schluss mit Crème fraîche abschmecken.

Lammkeulengulasch im Bärlauchnudelnest

(für 4 Personen)

Zubereitung:

1. Das Fleisch im Butterschmalz scharf anbraten.
2. Die Zwiebel klein schneiden und mit anbraten.
3. Tomatenmark zugeben, mit anbraten, häufig wenden, nach und nach mit dem Rotwein ablöschen.
4. Knoblauchzehen klein schneiden und kurz mitbraten.
5. Wasser und die restlichen Zutaten zugeben. Das Gulasch 30 bis 45 Minuten mit geschlossenem Deckel kochen lassen.
6. In der Zwischenzeit die Bärlauchnudeln nach Packungsanweisung garen.
7. Vor dem Servieren Nelken und Wacholderbeeren aus dem Gulasch entfernen.

Zutaten:

800 g Lammgulasch
50 g Butterschmalz
1 Zwiebel
140 g Tomatenmark
1/2 l trockener Rotwein
2 Knoblauchzehen
1/2 l Wasser
2 Wacholderbeeren
4 Nelken
1 EL Honig
1 Msp. Chili
Salz
Pfeffer
400 g Bärlauchnudeln

Lammkeule in Käsekruste

(für 4 Personen)

Zubereitung:

1. Die Lammkeule mit Salz, Pfeffer und zerdrücktem Knoblauch würzen und im Bräter in Butterschmalz anbraten.
2. Zwiebeln klein schneiden, zufügen und bei 180 Grad 90 Minuten braten. Zwischendurch mit Wein und Wasser ablöschen und das Fleisch öfter mit Bratenfond begießen.
3. Crème fraîche, Tomatenmark, gehackte Zwiebeln, Schafskäse und Kräuter verrühren, auf der Keule verteilen und nochmals 20 bis 30 Minuten überbacken.
4. Aus dem Bratenfond eine Soße herstellen.

Zutaten:

1 kg Lammkeule ohne Knochen
Salz
Pfeffer
2 Knoblauchzehen
2 EL Butterschmalz
2 Zwiebeln
1/4 l Rotwein
1 l Wasser
75 g Crème fraîche
1 TL Tomatenmark
2 EL gehackte Zwiebeln
75 g zerkrümelter Schafskäse
1 TL Kräuter der Provence

Geschmorte Lammhaxe mit Tomaten-Paprika-Soße auf Kartoffel-Bärlauch-Püree

(für 4 Personen)

Tipp

Wenn Sie hintere Haxen verwenden, benötigen Sie pro Person eine, von den kleineren Vorderhaxen zwei.

Zutaten:

4 Lammhaxen
Öl
1 Zwiebel
500 ml Brühe (vom Lamm oder Gemüsebrühe)
1 Knoblauchzehe
Pfeffer
Salz
140 g Tomatenmark
1 TL Rosenpaprika
800 g Kartoffeln
10 Blätter frischer Bärlauch oder 1 EL Bärlauch in Öl
etwas Honig
2 Tomaten in Scheiben
4 EL Röstzwiebeln

Zubereitung:

① Lammhaxen in der Pfanne von allen Seiten in Öl scharf anbraten.
② Zwiebel in Stücke schneiden, braun mit anbraten und mit Brühe ablöschen.
③ Knoblauchzehe, Pfeffer und Salz zufügen und die Haxen 60 Minuten mit geschlossenem Deckel kochen lassen.
④ Tomatenmark und Paprika zufügen und weitere 30 Minuten köcheln lassen.
⑤ Kartoffeln mit Salz kochen, pürieren und Bärlauch untermischen.
⑥ Die Haxen herausnehmen und warm stellen.
⑦ Die Soße so lange reduzieren, bis sie sämig ist.
⑧ Mit Pfeffer, Salz und Honig abschmecken.
⑨ Das Püree auf vier Teller verteilen, jeweils eine Haxe darauflegen, mit Soße übergießen und mit Tomatenscheiben und Röstzwiebeln servieren.

Jägerlammkeule
(für 4–6 Personen)

Zubereitung:

① Die Zwiebeln in Scheiben schneiden.
② Lorbeerblätter, Pimentkörner, Pfefferkörner, Nelken, Wacholderbeeren, Salbei und Estragon im Wasser kurz aufkochen lassen.
③ Die Beize abkühlen lassen, dann Essig und Rotwein zugeben und die Keule darin zwei Tage ziehen lassen. Die Keule sollte vollständig mit Flüssigkeit bedeckt sein.
④ Danach das Fleisch abtrocknen und mit Kräuterpfeffer und Knoblauchsalz einreiben.
⑤ Die Keule in Butterschmalz goldbraun anbraten.
⑥ Knoblauchzehen und Suppengrün zerkleinern und mit 1/2 Liter der Beize und den Gewürzkörnern zur Keule geben. Im vorgeheizten Backofen bei 200 Grad ca. 2 Stunden braten.
⑦ Aus dem Fond eine Soße herstellen und mit Thymian, Rosmarin, Basilikum und Sahne verfeinern.

Zutaten:

3 Zwiebeln
2 Lorbeerblätter
je 3 Pimentkörner, Pfefferkörner, Nelken, Wacholderbeeren
Salbei, Estragon
1 l Wasser
1 Tasse Essig
1/4 l trockener Rotwein
ca. 1,5 kg Lammkeule
je 1/2 TL Kräuterpfeffer, Knoblauchsalz
2–3 EL Butterschmalz
2 Knoblauchzehen
1 Bd. Suppengrün
etwas Thymian, Rosmarin, Basilikum
250 g Sahne

Tipp

Als Beilagen sind Rosenkohl und Kroketten zu empfehlen.

Zutaten:

1 kg Lammkeule
4 Knoblauchzehen
$^{1}/_{2}$ l trockener Weißwein
Salz
Pfeffer
$^{1}/_{2}$ TL Steakgewürz
150 g durchwachsener Speck
2 Zwiebeln
etwas Knoblauchsalz
Selleriesalz
Thymian, Rosmarin, Basilikum, Salbei
1 Bd. Suppengrün
$^{1}/_{4}$ l Fleischbrühe
200 g Sahne

Geschmorte Lammkeule

(für 4 Personen)

Zubereitung:

① Die Lammkeule mit dem in Stücke geschnittenen Knoblauch spicken.
② In einer kleinen Schüssel mit dem Wein übergießen und 24 Stunden im Kühlschrank ruhen lassen.
③ Danach die Keule herausnehmen, trocken tupfen, mit Salz, Pfeffer und Steakgewürz einreiben.
④ Speck und Zwiebeln würfeln. Die Speckwürfel in einer Pfanne goldbraun braten, die Zwiebelwürfel darin glasig werden lassen.
⑤ Das Fleisch dazugeben, mit Knoblauchsalz, Selleriesalz und Kräutern würzen. Klein geschnittenes Suppengrün dazugeben.
⑥ Die Brühe zugeben und bei geschlossenem Deckel und milder Hitze 90 bis 120 Minuten schmoren lassen.
⑦ Danach aus dem Fond eine Soße herstellen und mit Sahne abschmecken.

Tipp

Nudeln oder Klöße und frische Stangenbohnen eignen sich besonders als Beilage.

Hits mit Hack

Zutaten:

1 kg Lammhackfleisch
1 altbackenes Brötchen
2 Eier
Salz
Pfeffer
Butterschmalz
800 g Kürbisfleisch (Hokkaido, französischer Muskatkürbis oder Lakota)
300 g Pastinaken
300 g gelbe Zucchini
300 g Tomaten
2 l pflanzliche Brühe
300 g Kartoffeln
3 Zwiebeln
Butter
1 TL Selleriesalz
4 TL getr. oder in Öl eingelegter Bärlauch
150 g Kräuterschmelzkäse
500 g Sahne

Tipp

Diese Suppe eignet sich hervorragend als „Mitternachtssuppe" auf einer Party.

Partytopf mit Lammhackröllchen

(für 10–12 Personen)

Zubereitung:

① Lammhackfleisch mit Brötchen, Eiern, Salz und Pfeffer gut verkneten. Kleine Röllchen daraus formen und in Butterschmalz braten.
② Kürbis, Pastinaken und Zucchini in Würfel schneiden, Tomaten häuten und klein schneiden. Das Gemüse in der Brühe ca. 20 Minuten kochen.
③ Kartoffeln und Zwiebeln würfeln und in Butter in der Pfanne braten, zwischendurch mit Selleriesalz würzen.
④ Das Gemüse im Topf pürieren, Bärlauch, Kräuterschmelzkäse, Sahne und die gebratenen Röllchen zugeben, vorsichtig vermengen und an die Seite stellen.
⑤ Die gebratenen Kartoffeln zugeben, vorsichtig unterheben und servieren.

Zutaten:

600 g Lammhackfleisch
3 EL Butterschmalz
2 Zwiebeln
2 Knoblauchzehen
Salz
Pfeffer
1 kg Wirsingkohl
1/4 l Brühe
1 EL ganzer Kümmel
1/2 TL Thymian
200 g Schmand

Schäferschmaus

(für 4 Personen)

Zubereitung:

① Das Hackfleisch in Butterschmalz anbraten.
② Zwiebeln und Knoblauch würfeln, mit anbraten und mit Salz und Pfeffer würzen.

③ Den Wirsing in grobe Streifen schneiden, in einen Bräter geben und das Hackfleisch zufügen.
④ Die Brühe zugießen, Kümmel und Thymian zugeben, alles vermengen und ca. 20 Minuten köcheln lassen.
⑤ Zum Schluss den Schmand unterziehen und mit Salz und Pfeffer aus der Mühlc abschmecken.

Tipp

Als Beilage eignen sich Bratkartoffeln.

Schmorgurken mit Lammhackfleisch

(für 4 Personen)

Tipp

Dazu reicht man Pellkartoffeln.

Zubereitung:

① Lammhackfleisch in Butterschmalz anbraten.
② Gurken ohne Schalen in Stücke schneiden, zugeben und vermengen.
③ Mit Salz und Pfeffer würzen, Wasser angießen und mit geschlossenem Deckel ca. 20 bis 30 Minuten schmoren.
④ Mit Essig und Zucker abschmecken.
⑤ Aus Butter und Mehl eine Mehlschwitze herstellen und in die kochenden Schmorgurken einrühren.
⑥ Weitere 10 Minuten durchziehen lassen und nochmals abschmecken.

Zutaten:

500 g Lammhackfleisch
Butterschmalz
0,8–1,0 kg Einlegegurken
Pfeffer
Salz
200 ml Wasser
6 EL Essig
Zucker
2 EL Butter
2 EL Mehl

Cannelloni mit Lammhackfleischfüllung

(für 4–6 Personen)

Zubereitung:

① Lammhackfleisch in Olivenöl anbraten.
② Zwiebeln würfeln und kurz mit anbraten.
③ Passierte Tomaten, Salz, Pfeffer, Selleriesalz und Petersilie zufügen und 20 Minuten köcheln lassen.
④ Knoblauch klein schneiden und zufügen, alles mit geschlossenem Deckel noch ca. 5 Minuten kochen lassen, dann erkalten lassen.
⑤ In die Béchamelsoße den Schabzigerklee einrühren. Soße in eine Auflaufform füllen.
⑥ Cannelloni mit Fleischmasse füllen, in die Auflaufform legen und mit restlicher Flüssigkeit vom Hackfleisch auffüllen.
⑦ Mit dem Käse bestreuen und im Backofen bei 180 bis 200 Grad ca. 30 Minuten goldbraun überbacken.

Zutaten:

500 g Lammhackfleisch
etwas Olivenöl
2 Zwiebeln
500 g passierte Tomaten
Salz
Pfeffer
$^{1}/_{2}$ TL Selleriesalz
1 TL Petersilie
3 Knoblauchzehen
400 ml Béchamelsoße
$^{1}/_{2}$ TL Schabzigerklee (gemahlen)
250 g Cannelloni (ca. 24 Stück)
300 g ger. Gouda o. Emmentaler

Tipp

Genaue Mengenangaben für die Béchamelsoße entnehmen Sie bitte den Zubereitungshinweisen auf der Cannellonipackung.

Kohl-Lammhack-Pfanne mit Walnusslikör

(für 4 Personen)

Zutaten:

1 rote Zwiebel
400 g Lammhackfleisch
500 g Kartoffeln
600 g Weißkohl
600 ml Brühe
Pfeffer
1 gestr. EL Selleriesalz
3 EL Tomatenflocken
100 g Frischkäse
1 gestr. EL gemahlener Schabzigerklee
2 EL Walnusslikör
Salz
1 EL gehackte Petersilie

Zubereitung:

① Zwiebel in Würfel schneiden und mit dem Hackfleisch in der Pfanne mit Öl krümelig braten.

② Kartoffeln mit einem Pommes-Frites-Schneider teilen und zu dem Hack in die Pfanne geben.

③ Den Kohl in Streifen schneiden, ebenfalls mit in die Pfanne geben und mit der Brühe angießen.

④ Mit Pfeffer und Selleriesalz würzen und mit geschlossenem Deckel 25 bis 30 Minuten kochen.

⑤ Tomatenflocken, Frischkäse, Schabzigerklee und Walnusslikör unterheben, mit Salz und Pfeffer abschmecken und 10 Minuten ziehen lassen.

⑥ Die Petersilie überstreuen und rustikal in der Pfanne auf dem Tisch servieren.

Lammburger

(für 4 Personen)

Zutaten:

600 g Lammhackfleisch
1 Ei
Salz
Pfeffer
$^1/_2$ TL Oregano
3 EL Olivenöl
1 gr. Fladenbrot
2 gr. Zwiebeln
5 EL Feurige Paprikasoße
(siehe Rezept Seite 139)
1 kl. Aubergine
200 g Champignons
150 g ger. Gouda

Zubereitung:

① Das Lammhackfleisch mit Ei, Salz, Pfeffer und Oregano verkneten und in Stückchen in Olivenöl scharf anbraten.
② Fladenbrot aufschneiden und Hackfleisch auf der unteren Hälfte verteilen.
③ Zwiebeln in Ringe schneiden und unter ständigem Wenden im restlichen Fett goldbraun braten, etwas salzen.
④ Zwiebeln und Paprikasoße gleichmäßig auf dem Hackfleisch verteilen.
⑤ Aubergine in dünne Scheiben schneiden und in dem Fett von beiden Seiten braun anbraten, salzen.
⑥ Auberginenscheiben ringförmig auf dem Rand des Fladenbrotes anordnen.
⑦ Champignons in Scheiben schneiden, dünsten und in den Auberginenring füllen.
⑧ Käse überstreuen und im vorgeheizten Backofen bei 250 Grad backen, bis der Käse zerläuft.
⑨ Obere Fladenbrothälfte auflegen und ca. 2 Minuten backen, bis der „Deckel“ kross ist.
⑩ In Viertel schneiden und servieren.

Pikanter Eierkuchen mit Lammhackfleisch

(für 1 Person)

Zubereitung:

① Lammhackfleisch mit Zwiebelwürfeln in Öl leicht anbraten, dann leicht salzen.
② Tomate häuten, in Würfel schneiden und mit Tomate-Mozzarella-Gewürzmischung vermengen.
③ Eier mit Sahne und Salz verrühren, in die Pfanne geben, wenden und das Hackfleisch auf dem Eierkuchen verteilen.
④ Vor dem Servieren die Tomatenwürfel zugeben und Petersilie über den Eierkuchen streuen.

Zutaten:

100 g Lammhackfleisch
2 EL Zwiebelwürfel
2 EL Olivenöl
Salz
1 Tomate
Tomate-Mozzarella-Gewürzmischung
2 Eier
1 EL Sahne
Salz
1 EL glatte Petersilie (gehackt)

Chili con Cordero

(für 4–6 Personen)

Zubereitung:

① Das Lammhackfleisch in der Pfanne mit Öl anbraten und anschließend in einen großen Topf geben.
② Mit Brühe auffüllen.
③ Zwiebeln würfeln, in der Pfanne anbraten. Tomatenmark zufügen, kurz mitbraten und in den Topf geben.
④ Tomaten häuten und Knoblauch klein schneiden, in den Topf geben, Chili zugeben und ca. 30 Minuten langsam mit geschlossenem Deckel kochen.
⑤ Bohnen zufügen, erhitzen und mit Pfeffer, Salz und evtl. noch etwas Chili abschmecken.

Zutaten:

1 kg Lammhackfleisch
Olivenöl
500 ml Lamm- oder Gemüsebrühe
300 g Zwiebeln
140 g Tomatenmark
600 g Tomaten
6 Knoblauchzehen
$^1/_2$ TL grob gemahlener Chili
800 g Kidneybohnen aus der Dose
Pfeffer

Tipp

Dazu Weißbrot reichen.

Dinkelpizza mit Lammhackfleisch und Fenchel

(für 4 Personen)

Zubereitung:

① Mehl, Hefe, Wasser, Salz und Zucker gut verkneten, abgedeckt 30 Minuten warm stellen und gehen lassen.
② Lammhackfleisch in Öl mit Zwiebelwürfeln anbraten, mit Pfeffer und Salz würzen.
③ Tomaten häuten, klein schneiden und mit etwas Öl, Salz und Pfeffer in der Pfanne schmoren, bis eine dickflüssige Masse entstanden ist.
④ Die Fenchelknollen in feine Stücke schneiden und mit Zitronensaft und Honig vermengen.
⑤ Den Teig vierteln, jeweils dünn ausrollen und die vier Pizzaböden auf Backpapier auf das Backblech legen.
⑥ Die Tomatenmasse auf den Teig streichen und mit Oregano würzen.
⑦ Lammfleisch, Fenchel und Minitomaten gleichmäßig darauf verteilen, je 1 EL Olivenöl über eine Pizza träufeln, Käse überstreuen und bei 180 bis 200 Grad 15 bis 20 Minuten backen.

Zutaten:

300 g Dinkelvollkornmehl
1 Pck. Trockenhefe
200 ml lauwarmes Wasser
1 TL Salz
1 Pr. Zucker
150–200 g Lammhackfleisch
2 EL Öl
50 g Zwiebelwürfel
Pfeffer
200 g Tomaten
150 g Fenchelknollen
1 EL Zitronensaft
1 gestr. TL Honig
Oregano
250 g Minitomaten
(z. B. Datteltomaten)
4 EL Olivenöl
150 g ger. Käse

Kartoffel-Bärlauch-Auflauf mit Lammhackbällchen

(für 6 Personen)

Zutaten:

600 g Lammhackfleisch
1 Ei
Pfeffer
Salz
1 EL Tomatenflocken
1 TL Senf
1 TL Haferflocken
1 kg Kartoffeln
1 EL Butterschmalz
500 g frische Champignons
100 g frischer Bärlauch
1 TL Selleriesalz
1 TL Rosenpaprika, scharf
250 g Sahne
300 g ger. Käse

Tipp

Anstelle des frischen Bärlauchs kann man auch in Olivenöl eingelegten Bärlauch verwenden. Das Öl eignet sich ideal zum Anbraten der Kartoffeln.

Zubereitung:

1. Lammhackfleisch mit Ei, Pfeffer, Salz, Tomatenflocken, Senf und Haferflocken gut vermengen.
2. Kleine Bällchen formen und in der Pfanne braten.
3. Kartoffeln in ca. 2 cm große Würfel schneiden, in der Pfanne mit Butterschmalz und geschlossenem Deckel ca. 10 Minuten anbraten, mehrmals wenden.
4. Champignons halbieren und zugeben.
5. Bärlauch in Streifen schneiden und zufügen.
6. Mit Selleriesalz und Rosenpaprika würzen, weitere 5 Minuten braten.
7. Alles zusammen mit den Hackbällchen in einer flachen Auflaufform verteilen.
8. Sahne zufügen, Käse überstreuen und ca. 30 Minuten bei 180 Grad im Ofen überbacken, bis der Käse goldbraun ist.

Kartoffel-Hackfleisch-Auflauf mit Squash
(für 4 Personen)

Zubereitung:

① Den Staudensellerie in dünne Scheiben schneiden.
② Zusammen mit dem Lammhackfleisch in Olivenöl anbraten.
③ Mit Salz, Pfeffer, Oregano und Petersilie würzen.
④ Tomaten häuten und in Würfel schneiden, Champignons und Zwiebeln in Scheiben schneiden, den Squash und die Kartoffeln würfeln.
⑤ Zuerst die Kartoffeln in eine Auflaufform geben, dann die weiteren Zutaten zufügen.
⑥ Die Lammbrühe angießen.
⑦ Den Käse gleichmäßig darüber verteilen.
⑧ Den Auflauf bei geschlossenem Deckel oder mit Alufolie abgedeckt im Backofen bei 180 Grad ca. 45 Minuten garen.
⑨ 10 Minuten vor Ende der Garzeit Deckel bzw. Alufolie abnehmen, damit die Oberfläche goldbraun werden kann.

Zutaten:

200 g Staudensellerie
500 g Lammhackfleisch
3 EL Olivenöl
Salz
Pfeffer
1/2 TL Oregano
1 TL Petersilie
3 Tomaten
250 g frische Champignons
3 Zwiebeln
1 Squash (150–200 g)
600 g Kartoffeln
500 ml Lammbrühe
200 g ger. Höhlenkäse

Tipp

Statt Squash kann man auch einen anderen Kürbis verwenden, z. B. Hokkaido, Französischen Muskatkürbis oder Sweet Dumpling.

Blätterteigtaschen mit Lammhack-Spinat-Füllung

(für 4 Personen)

Zutaten:

100 g Lammhackfleisch
2 EL Zwiebelwürfel
Pfeffer
Salz
150 g TK-Spinat, grob gehackt
1 EL Butter
3 EL Pinienkerne
6 Platten TK-Blätterteig
1 Eigelb
1 EL Sahne
100 g ger. Emmentaler

Zubereitung:

① Lammhackfleisch und Zwiebelwürfel mit Pfeffer und Salz bei mittlerer Hitze in Öl anbraten.
② Spinat in Butter dünsten, bis die Flüssigkeit verdunstet ist. Mit Pfeffer und Salz abschmecken
③ Pinienkerne hellbraun rösten und mit allen Zutaten vermengen. Die Masse darf keine Flüssigkeit enthalten.
④ Blätterteigplatten auftauen, in jeweils drei Streifen schneiden, in die Mitte der unteren Hälfte jedes Streifens ca. 1 TL der Hackfleisch-Spinat-Masse aufbringen, die obere Blätterteighälfte überschlagen und die drei Kanten gut zusammendrücken.
⑤ Eigelb und Sahne gut verrühren und die Blätterteigtaschen damit bestreichen.
⑥ Mit Emmentaler bestreuen.
⑦ Die Blätterteigtaschen nach Anweisung auf der Packung backen und heiß mit frischem Salat servieren.

Kohlrouladen mit Lammhackfleisch

(für 4 Personen)

Zutaten:

1 Weißkohl
1 Zwiebel
1 in Milch eingeweichtes Brötchen
600 g Lammhackfleisch
2 Eier
100 g magere Schinkenwürfel
Pfeffer
Salz
1 TL Kümmel
2 EL Schmalz
$^1/_4$ l Fleischbrühe
100 g Schmand
Zucker

Zubereitung:

① Weißkohlkopf in Salzwasser ca. 30 Minuten langsam kochen.
② Die 4 größten Blätter einzeln abnehmen, die dicken Rippen keilförmig ausschneiden und jeweils auf ein großes Blatt zwei kleinere legen.
③ Die Zwiebel reiben, das Brötchen ausdrücken und mit Lammhackfleisch, Eiern, Schinkenwürfeln, Pfeffer und Salz verkneten.
④ Den Kümmel auf die Kohlblätter streuen, die Hackfleischmasse daraufgeben, zu Rouladen aufrollen und mit Küchengarn zusammenbinden.
⑤ In Schmalz von allen Seiten in einer hohen Pfanne oder einem Topf braun anbraten.
⑥ Brühe zugeben und mit geschlossenem Deckel 45 Minuten schmoren.
⑦ Die Soße mit Schmand binden und nochmals mit Pfeffer, Salz und evtl. mit etwas Zucker abschmecken.

Tipp

Dazu passt hausgemachter Kartoffelbrei.

Tipp

Den restlichen Weißkohl kann man klein schneiden, anbraten und mitkochen. Man muss dann zum Kochen entsprechend mehr Brühe nehmen.

Gefüllte Mangoldblätter in Käsesoße

(für 4 Personen)

Zutaten:

12 große Mangoldblätter
200 ml Gemüsebrühe
1 Zwiebel
400 g Lammhackfleisch
Butterschmalz
Pfeffer
Salz
250 g Sahne
60 g Saint Agur (franz. Edelschimmelkäse)
Speisestärke

Zubereitung:

① Mangoldstiele von den Blättern abschneiden, die Blätter 2 bis 3 Minuten in kochendem Wasser blanchieren und sofort in Eiswasser legen.
② Die Mangoldstiele in feine Stücke schneiden und in Gemüsebrühe bissfest garen.
③ Zwiebel in Würfel schneiden und mit dem Lammhackfleisch in Butterschmalz anbraten. Mit Pfeffer und Salz würzen.
④ Die Mangoldblätter auf einer Arbeitsfläche auslegen, je 2 gehäufte EL Hackfleischmasse in die Mitte geben und aufrollen.
⑤ Mangoldstiele aus der Brühe nehmen und warm stellen.
⑥ Die gefüllten Mangoldblätter in der Brühe mit geschlossenem Deckel ca. 10 Minuten kochen.
⑦ Sahne mit Saint Agur unter ständigem Rühren langsam erhitzen, bis der Käse sich vollständig aufgelöst hat. Evtl. mit etwas Salz nachwürzen und nach Belieben mit Speisestärke binden.
⑧ Soße auf vorgewärmte Teller geben, Mangoldpäckchen und -stiele auflegen und mit gebratenen Kartoffelwürfeln servieren.

Gefüllte Lammbrust

(für 4 Personen)

Zubereitung:

1. Kräuter und Knoblauch klein schneiden. Lammhackfleisch mit Kräutern, Knoblauch, Schalotten, Pfeffer und Salz gut vermengen.
2. Die Hackfleischmasse auf der Lammbrust verteilen und aufrollen.
3. Mit Küchengarn zusammenbinden.
4. In Öl kross anbraten und bei 150 Grad ca. 60 Minuten oder bei 90 Grad ca. 90 Minuten im Backofen ohne Deckel braten.

Zutaten:

2 Stängel Thymian
2 Stängel Majoran
2 Knoblauchzehen
300 g Lammhackfleisch
3 EL gehackte Schalotten
Pfeffer
Salz
400 g Lammbrustmittelstück ohne Knochen
Rapsöl

Tipp

Falls Sie selbst einen Fleischwolf benutzen, um das Hackfleisch herzustellen, sollte das Fleisch erst gewürzt und dann in den Fleischwolf gegeben werden. Dadurch bekommt die Masse eine besser bindende Konsistenz.

Lammhack-Tomaten-Soße mit Trompetennudeln und Spitzkohl-Möhren-Salat

(für 4 Personen)

Zubereitung:

① Zwiebel und Knoblauch in kleine Würfel schneiden.

② Lammhackfleisch in Olivenöl mit Zwiebeln und Knoblauch anbraten.

③ Passierte Tomaten, Pfeffer, Salz, Selleriesalz und Majoran zufügen und ca. 20 Minuten köcheln lassen.

④ Nudeln nach Anweisung kochen.

⑤ Tomatenmark unter die Hackfleischsoße mischen, vor dem Servieren mit Petersilie bestreuen.

Zutaten:

1 Zwiebel
3 Knoblauchzehen
400 g Lammhackfleisch
Olivenöl
500 ml passierte Tomaten
Pfeffer
Salz
Selleriesalz
1 TL getr. Majoran
400 g Trompetennudeln
2 EL Tomatenmark
1 TL Petersilie

Tipp

Hierzu passt hervorragend ein Salat aus 300 g geraspeltem Spitzkohl und 150 g geraspelten Möhren mit feiner Salatsoße.

Hackfleisch-Kartoffelpüree-Auflauf

(für 4 Personen)

Zutaten:

600 g Lammhackfleisch
Olivenöl
2 Zwiebeln
440 g Tomaten aus der Dose
1 EL Mehl
1 EL pflanzliche Brühe (gekörnt)
150 g Möhren
3 EL Worcestersoße
150 g TK-Erbsen
800 g Kartoffeln
125 g saure Sahne
Pfeffer
Salz
150 g ger. alter Gouda

Zubereitung:

① Lammhackfleisch in Öl in der Pfanne krümelig anbraten.
② Zwiebeln in Würfel schneiden, in die Pfanne geben und dünsten.
③ Die Tomaten aus der Dose von der Flüssigkeit trennen.
④ Das Mehl mit etwas kaltem Wasser verrühren, zu der Tomatenflüssigkeit geben, Brühe zufügen und gut verrühren.
⑤ Die Möhren und Tomaten in Stücke schneiden.
⑥ Die Tomatensoße zum Fleisch geben, Worcestersoße, Erbsen, Möhren und Tomatenstücke zufügen, aufkochen lassen und mit geschlossenem Deckel 30 Minuten köcheln lassen.
⑦ Kartoffeln kochen, abgießen, mit saurer Sahne pürieren und mit Pfeffer und Salz würzen.
⑧ Das Fleisch in eine tiefe gefettete Auflaufform geben, Kartoffelmasse gleichmäßig darüber verteilen, Käse überstreuen und im Backofen bei 200 Grad ca. 15 Minuten überbacken.

Leckeres vom Grill

Lammlachsspieß auf Reissalat

(für 4 Personen)

Zutaten:

200 g Basmati-Wildreis-Mischung
160 ml Wasser
8 EL helle Sojasoße
6 EL Sesamöl
1 rote Paprika
1 gelbe Paprika
600 g Lammlachs
12–14 braune Champignons
4 EL Sesamöl
Baharat
4 EL Pinienkerne

Zubereitung:

① Den Reis mit Wasser aufkochen lassen. Herd abstellen und bei geschlossenem Deckel quellen lassen.
② Reis abkühlen lassen, dann Sojasoße und Sesamöl zufügen und gut vermischen.
③ Die Paprikaschoten in kleine Würfel schneiden und untermengen.
④ Evtl. nochmals mit Sojasoße nachwürzen.
⑤ Die Lammlachse in ca. 2 cm dicke Stücke schneiden.
⑥ Champignons halbieren und abwechselnd mit den Lammlachsstreifen auf Metallspieße stecken.
⑦ Die Spieße mit Sesamöl bepinseln, mit Baharat würzen und auf dem Grill garen.
⑧ Die Pinienkerne in der Pfanne rösten.
⑨ Die fertigen Spieße auf dem Reissalat servieren und mit Pinienkernen bestreuen.

Tipp

Den Reissalat kann man einen Tag vorher zubereiten, die Paprikawürfel sollte man dann aber erst kurz vor dem Servieren zugeben.

Hinweis

Die Spieße können auch in der Pfanne von jeder Seite 1 bis 2 Minuten gebraten werden.

Zutaten:

500–600 g Lammleber
2 Zwiebeln
2 Äpfel
1 Majoranzweig
4 EL Öl
Salz
Pfeffer

Lammleberspieß vom Grill

(für 4 Personen)

Zubereitung:

① Lammleber, Zwiebeln und Äpfel in Würfel schneiden und abwechselnd auf Spieße stecken.
② Majoran von groben Stängeln befreien, fein hacken und mit Öl vermischen.
③ Die Spieße damit bepinseln und ca. 3 Minuten von jeder Seite grillen.
④ Mit Salz und Pfeffer würzen, und mit einem Dip oder Grillsoße servieren.

Zutaten:

4 Lammnieren
4 Scheiben durchwachsener Speck

Gegrillte Lammnierchen

(für 4 Personen)

Zubereitung:

① Lammnieren gut wässern und putzen.
② Mit je einer Scheibe Speck umwickeln und mit einem Holzspieß zusammenstecken.
③ Lammnieren von jeder Seite 3 bis 4 Minuten grillen.

Gefüllte Lammmedaillons vom Grill

(für 4 Personen)

Zutaten:

600 g Lammlachse
Bärlauch in Olivenöl
(siehe Rezept auf Seite 138)

Zubereitung:

① Lammlachse in ca. 8 cm große Stücke teilen und Taschen hineinschneiden.
② Bärlauch abtropfen lassen, in die Taschen füllen und mit einem Holzspieß (z. B. Zahnstocher) zustecken.
③ Die Medaillons mit Bärlauchöl bepinseln und 24 Stunden marinieren.
④ Von jeder Seite 2 bis 4 Minuten grillen.

Tipp

Alternativ sind auch folgende Füllungen zum sofortigen Grillen sehr lecker:

- Kräuterfrischkäse
- Feta mit Kräutern
- Nusskäse (Frischkäse)
- Getrocknete, in Öl eingelegte Tomaten, Oliven und fein geschnittener Rosmarin
- Büffelmozzarella, Rosmarin und Fleur de Sel
- Bärlauch-Walnuss-Pesto
- Spinat und Gorgonzola
- Ricotta und gemahlener Bockshornklee
- Zwiebel-Pilz-Masse

Gegrillte Lammschulter

(für 4 Personen)

Zutaten:

ca. 600 g Lammschulter
2 Knoblauchzehen
je 2 Stängel Rosmarin, Thymian, Majoran
Öl
Pfeffer
Salz

Zubereitung:

① Vom Fleischer aus der Lammschulter einen kleinen Braten schneiden lassen.
② Mit Knoblauch und je einem Kräuterstängel spicken.
③ Mit Öl, Pfeffer und Salz einreiben und von beiden Seiten scharf angrillen.
④ Die Lammschulter auf Alufolie legen, restliche Kräuter zufügen und einwickeln. Bei geringer Hitze ca. 60 Minuten grillen.

Gefüllte Kohlrabi

(für 4 Personen)

Zubereitung:

① Lammhackfleisch mit Butterschmalz in der Pfanne braun anbraten. Pfeffer, Salz und Chiliflocken zugeben. Mit Wein ablöschen und 20 Minuten köcheln lassen.

② Von der Kohlrabiunterseite eine glatte Standfläche schneiden. Von der Oberseite einen Deckel abschneiden.

③ Den Kohlrabi mit einem scharfkantigen Löffel aushöhlen und in Gemüsebrühe im geschlossenen Topf 10 bis 15 Minuten kochen, die Kohlrabideckel und einen Teil der Kohlrabistückchen vom Aushöhlen ca. 2 Minuten mitkochen. Die Kohlrabi dürfen beim Herausnehmen aus der Brühe nicht zerfallen.

④ Das Lammhackfleisch mit Frischkäse verrühren, Kohlrabistückchen zufügen. Die Masse in die Kohlrabi füllen, den Deckel auflegen, einzeln in Alufolie wickeln und ca. 20 Minuten grillen.

Zutaten:

200 g Lammhackfleisch
Butterschmalz
Pfeffer
Salz
1 Msp. Chiliflocken
100 ml trockener Weißwein
8 kl. Kohlrabi (à 250–300 g)
1 l Gemüsebrühe
100 g Kräuterfrischkäse oder Frischkäse mit Bärlauch in Olivenöl (siehe Seite 138)

Ein paar Tipps

- Die Brühe, die restlichen Kohlrabistücke und eventuelle Hackfleisch-Käse-Reste können als Grundlage für eine Gemüsesuppe verwendet werden.
- Die Kohlrabi können auch im Backofen in einer Auflaufform oder in Folie gewickelt gegart werden.
- Die Lammhackfleischfüllung eignet sich auch zum Füllen von Tomaten, Champignons, Zucchini, Zwiebeln, Auberginen und anderem Gemüse.

Zutaten:

1 ganzes Lamm (ca. 12 kg)
1 Knoblauchknolle
4 Zitronen
Pfeffer
grobes Salz

Außerdem:
unbeschichteter rostfreier Draht
Backpapier
15–20 kg Grillkohle

Gegrilltes Lamm am Spieß nach griechischer Art

(für 12–15 Personen)

Tipp

Dazu verschiedene Dips, frische Salate, Weißbrot und in der Glut gegarte Folienkartoffeln reichen.

Zubereitung:

1. Keulen, Rücken, Blatt, Nacken und Hals an vielen Stellen mit einem spitzen Messer tief einkerben.
2. Knoblauch in kleine Stücke schneiden, Zitronen auspressen.
3. Knoblauchstückchen, Pfeffer und Salz in die Kerben im Fleisch drücken.
4. Das Lamm von innen und außen mit Zitronensaft bepinseln, mit Pfeffer einreiben.
5. Das Lamm so auf den Grillspieß stecken, dass die Wirbelsäule in der Lamminnenseite ganz dicht am Spieß liegt.
6. Mit Draht von außen nach innen so nah wie möglich an der Wirbelsäule an mehreren Stellen durch den Rücken stechen. Im vorderen Rückenbereich zwischen den Rippenknochen durchstechen und die Drahtenden zusammendrehen.
7. Die Spitzen der beiden Seitenhalterungen vom Grillspieß in Blatt und Keule so einstechen, dass sie die Knochen direkt halten, damit keine Teile vom Lamm abfallen, wenn es gar ist.
8. Das Lamm in Backpapier einwickeln und mehrfach mit Draht umwickeln. Das Papier sollte so dicht wie möglich am Lamm anliegen.
9. Nach 2 Stunden Grillzeit das Papier entfernen, damit das Lamm die gewünschte Bräune bekommt. Die gesamte Grillzeit beträgt 3,5 bis 4 Stunden.

Ein paar Tipps

- Der Abstand zwischen Fleisch und gut durchgeglühter Kohle sollte 20 bis 25 cm betragen.
- Den Spieß ständig langsam drehen.
- Die Grillkohle permanent in kleinen Mengen nachfüllen, um eine gleichmäßige Grilltemperatur zu erhalten.
- Das Einwickeln in Backpapier verhindert, dass das Fleisch verbrennt, und verkürzt die Garzeit.

Kapernbällchenspieß
(für 4 Personen)

Zubereitung:

① Knoblauch fein schneiden, Kapern gut abtrocknen und halbieren.
② Alle Zutaten gut vermengen und abschmecken.
③ Aus dem Teig 16 feste Bällchen formen und je 4 auf einen Metallspieß stecken.
④ Von beiden Seiten je 3 bis 4 Minuten grillen.

Zutaten:

1 Knoblauchzehe
2 EL Kapern
1 TL ger. Zitronenschale
600 g Lammhackfleisch
3 EL Semmelbrösel
2 Eier
1/2 TL getr. Majoran
Salz
Pfeffer

Tipp

Die Spieße können auch in der Pfanne mit Holzspießen zubereitet werden.

Lammbuletten im Speckmantel
(für 4 Personen)

Zubereitung:

① Das Brötchen in Wasser einweichen.
② Zwiebel und Knoblauch in feine Würfel schneiden.
③ Das Brötchen gut ausdrücken und mit Lammhackfleisch, Tomatenmark, Ei, Majoran, Petersilie, Zwiebel, Knoblauch, Salz und Pfeffer gut vermengen.
④ Aus dem Teig 8 Buletten formen, jede mit einer Scheibe Speck umwickeln und mit einem Holzspieß feststecken.
⑤ Die Buletten in Butterschmalz braun braten und mit Salzkartoffeln und Tomatensoße servieren.

Zutaten:

1 trockenes Brötchen
Wasser
1 gr. Zwiebel
1 Knoblauchzehe
600 g Lammhackfleisch
1 EL Tomatenmark
1 Ei
1/2 TL Majoran
3 EL Petersilie
Salz
Pfeffer
8 Scheiben durchwachsener Speck
2 EL Butterschmalz

Sommerlicher Lammspieß

(für 4 Personen)

Zutaten:

600 g Lammkeule ohne Knochen
2 grüne Paprikaschoten
2 rote Paprikaschoten
4 Zwiebeln
250 g Joghurt
1 EL Olivenöl
2 gepresste Knoblauchzehen
2 TL frische gehackte Kräuter (Petersilie, Schnittlauch, Thymian, Rosmarin)
Salz
schwarzer Pfeffer

Zubereitung:

① Das Lammfleisch in Würfel schneiden, Paprika in Stücke und Zwiebeln in Viertel schneiden.
② Fleisch, Paprikastückchen und Zwiebelviertel auf 4 bis 6 Spieße stecken und in eine flache Schüssel legen.
③ Joghurt mit Öl, Knoblauch und Kräutern mischen, Salz und Pfeffer dazugeben.
④ Etwas von dieser Marinade über die Spieße träufeln.
⑤ Die Spieße einige Stunden vor dem Grillen ruhen lassen, dann bei großer Hitze grillen.
⑥ Die restliche Marinade zu den gegrillten Spießen reichen.

Tipps für Dips und Co.

Bärlauch in Olivenöl

Zutaten:

1 Bund Bärlauch
Salz
Kalt gepresstes Olivenöl

Zubereitung:

① Bärlauch nach dem Waschen gut abtrocknen und locker auf Küchenpapier auslegen.
② So lange ruhen lassen, bis er leicht angewelkt ist. Dann in schmale Streifen schneiden, in eine Schüssel geben, kräftig salzen, gut vermengen und über Nacht mit Frischhaltefolie abgedeckt ziehen lassen.
③ Am nächsten Tag kleine Schraubgläser zur Hälfte mit Bärlauch füllen und mit Olivenöl ergänzen.

Ein paar Tipps

- Im Kühlschrank aufbewahrt hält sich der eingelegte Bärlauch bis zur nächsten Ernte! Er eignet sich zum Füllen von Lammbraten und Lammrouladen, zum Würzen von Eintöpfen, Suppen, Dips, Kräuterquark und Salaten und schmeckt zu Nudeln oder Pellkartoffeln.
- Der Grillpartyrenner: Weißbrotscheiben mit eingelegtem Bärlauch und etwas Öl bestreichen und grillen.

Schmand-Knoblauch-Soße

Zubereitung:

① Knoblauch pressen und alle Zutaten gut miteinander verrühren.

Zutaten:

2 Knoblauchzehen
200 g Schmand
1 gestr. TL Zucker
1 gestr. TL Paprika edelsüß
Salz
2 EL Milch

Feurige Paprikasoße

Zubereitung:

① Cherrytomaten häuten und in feine Würfel schneiden.
② Möhre schälen und fein raspeln.
③ Paprikaschote in kleine Würfel schneiden.
④ Chilischote klein schneiden.
⑤ Tomaten, Möhre und Paprika in Rapsöl anbraten, Salz, Knoblauch, Chilischote und Wasser zufügen und alles bei geschlossenem Deckel 15 Minuten kochen.
⑥ Balsamicocreme zufügen und ohne Deckel so lange kochen, bis eine sämige Konsistenz erreicht ist.

Zutaten:

6 Cherrytomaten
1 kl. Möhre
1 gelbe Paprikaschote
$^1/_4$–$^1/_2$ frische gelbe Chilischote
2 EL Rapsöl
Salz
2 Knoblauchzehen
50 ml Wasser
1 EL Balsamicocreme

Mediterrane Marinade

Zubereitung:

① Zwiebeln und Knoblauch würfeln, Oliven in Ringe schneiden.
② Basilikumblätter und Rosmarinnadeln klein schneiden.
③ Alle Zutaten gut vermengen.

Zutaten:

2 Zwiebeln
2 Knoblauchzehen
20 schwarze Oliven ohne Stein
2 Basilikumzweige
2 Rosmarinzweige
Pfeffer
20 ml Zitronensaft
50 ml Olivenöl
3 EL Madeira

Zutaten:

5 getr. Cranberrys
150 g saure Sahne
2 geh. TL Habanero-Gewürzmischung
20 ml Cranberrysirup
evtl. etwas Zucker

Habanero-Cranberry-Dip

Achtung: scharf!

Zubereitung:

① Cranberrys klein schneiden, alle Zutaten gut verrühren und mindestens 1 Stunde durchziehen lassen.

Zutaten:

1 Schalotte
Pfeffer
Salz
1 gr. Avocado
1 EL Limettensaft
1 Pr. Zucker

Avocado-Dip

Zubereitung:

① Schalotte sehr fein würfeln und mit Pfeffer und Salz verrühren.
② Avocadofleisch in Stücke schneiden, mit Limettensaft beträufeln und mit einer Gabel zerdrücken.
③ Alle Zutaten gut vermengen und mit Zucker abschmecken.

Zutaten:

2 EL Senf
4 EL Cognac
3 EL Öl
2 Thymianzweige
2 Knoblauchzehen

Tipp

Das mit dieser Marinade bepinselte Fleisch sollte vor dem Grillen einige Stunden im Kühlschrank ziehen.

Senf-Cognac-Marinade

Zubereitung:

① Senf, Cognac und Öl verrühren.
② Thymian von groben Stängeln befreien und fein hacken.
③ Knoblauch pressen und mit allen anderen Zutaten verrühren.

Curry-Ingwer-Butter

Zubereitung:

① Zwiebel und Knoblauch fein hacken.
② Ingwer reiben. Alle Zutaten in einer Schüssel gut verrühren.
③ Die Masse auf ein Blatt Pergamentpapier geben, zu einer ca. 4 cm dicken Rolle formen und im Kühlschrank fest werden lassen.
④ Die kalte Butter in Scheiben schneiden.

Zutaten:

1 kl. Zwiebel
1 Knoblauchzehe
10 g frischer Ingwer
125 g weiche Butter
1 TL Senf
1 TL Currypulver
Salz

Rucolabutter

Zubereitung:

① Rucola fein schneiden.
② Mit weicher Butter und Salz gut vermengen.

Zutaten:

50 g Rucola
125 g Butter
1 TL Fleur de Sel

Schabzigerbutter

Zubereitung:

① Schabziger fein reiben und mit Butter und Salz vermengen.
② Die Butter auf Frischhaltefolie geben und zu einer Rolle formen.
③ Mindestens einen Tag im Kühlschrank ziehen lassen. Von der Rolle lassen sich dann Scheiben schneiden.

Zutaten:

30 g Schabziger Käse
125 g weiche Butter
1 Pr. Salz

Alphabetisches Rezeptregister